KB265378

천주는 상제다

◉ 증산도상생문화총서 014

천주天主는 상제上帝다

초판발행 : 2011년 12월 22일
글쓴이 : 양우석
펴낸이 : 안중건
펴낸곳 : 상생출판
주소 : 대전광역시 중구 선화동 289-1번지
전화 : 070-8644-3161
팩스 : 042-254-9308
E-mail : sangsaengbooks@sangsaengbooks.co.kr
출판등록 : 2005년 3월 11일(제175호)
배본 대행처 / 대원출판

가격은 뒤표지에 있습니다.
이 책에 수록된 자료의 저작권은 증산도상생문화연구소에 있습니다.
파본은 서점에서 교환해 드립니다.

ISBN 978-89-94295-17-6
ISBN 978-89-94295-1-4(세트)

천주는 상제다

天主  上帝

양우석 지음

상생출판

프롤로그

'천주'와 '상제'라는 용어

기독교와 유대교에서는 성서시대에 하느님을 히브리어로 '야훼Jehovah'(혹은 '여호와')로 불렀다. 희랍어로는 그냥 '신'이라는 뜻의 '테오스Teos', 라틴어로는 '데우스deus'로 표기된다. 이를 통해서 야훼라는 유대의 지방신의 불완전한 모습은 세계 보편신으로 발돋움한다. 분명 야훼는 지방신으로서 창조주의 얼굴을 하고 있었으나 신약을 중심으로 하는 기독교의 새로운 해석을 통해서 그 좁은 굴레를 벗어난 것이다. 16세기 중반 중국에 와서 기독교를 전파한 마테오 리치는 데우스를 한자로 '천주天主'라 옮겼다. 이 번역은 과연 합당한 것이며 그 배경은 무엇일까?

리치는 고대의 중국인들이 순박하게 그저 '천天'이라는 한 신을 숭배했다고 본다.[1] '천'은 기본적으로 물리적 자연을 뜻했으나 인간의 덕을 기뻐하고 악을 미워하며, 인간의 행위 여하에 따라 상벌을 내리기도 하는 인격신의 의미도 가지고 있었다. 리치는 이처럼 중국인들이 전통적으로 받들어 온 '천'

---

[1] B. Cronin, *The Wise Man from the West*, London: Collins Press 1984, 56~57쪽 참고.

에 인격신의 의미를 더욱 확실하게 강조하기 위한 '주'를 합쳐 놀랍고도 기발한 번역을 했다.[2]

'천주'는 원래 중국 고대 신앙에 등장하는 8신[3] 가운데 한 신으로 하늘을 주재, 관장하는 신의 호칭이기도 하다. 그러나 리치의 천주는 하늘과 땅은 물론 인간계를 두루 통치하는 신이다.

리치는 기독교의 '천주'에 비견될 수 있을 동양 고대의 신앙 대상을 찾기 위하여 중국의 고전을 천착해 들어가던 중 '상제'라는 고대 동양의 보편적인 신앙 대상에 마주쳤다. '상제'는 동북아에서 약 6천 년 전부터 불러 온 하느님에 대한 본래적인 호칭이다. '상제上帝'에서 '상上'은 '천상의, 지존무상의, 최고의'를, '제帝'는 '임금님'을 뜻한다. 따라서 상제란 '우주를 다스리는 통치자'를 뜻하며, 여기에는 인격적 주재성의 의미가 강하게 깃들어 있다.

중국 고대의 갑골문 유적지인 은허殷墟의 복사卜辭 가운데

------

[2] '천주'라는 역어를 맨 처음 고안한 것은 리치 자신이 아니라 기독교의 세례를 받기를 희망하는 어느 중국인 청년이라고 한다. 리치는 그 역어가 여러 모로 마음에 들어 그 제안을 받아들이기로 한 것이다. 빈센트 크로닌 저, 이기반 역, 『서방에서 온 현자』, 72~73쪽 비교.

[3] 중국 고대의 팔신은 天主, 地主, 兵主, 陰主, 陽主, 月主, 日主, 四時主이다. 이 가운데 천주는 공간적으로 하늘을 다스리는 국부적 신이다.

는 천·제帝·상제·조祖 등이 동시에 보인다.[4] 반면 '상제'에 대한 문서상의 기록은 『서경』의 "상제께 유제를 지냈다."(「舜典」)는 문장이 처음이다.

동양 고대인들은 천의 실체를 지고至高·무상無上의 권위를 가진 존재로 보았는데, 상제는 바로 그러한 실체로서 고대의 종교 의식 가운데서 가장 중시되는 숭배의 대상이었다. 물론 해와 달, 별, 구름, 바람, 우뢰 등을 주재하는 신들이 없었던 것은 아니지만 상제는 이 모든 신들의 상위에 있는 지존의 인격신이었다.

리치는 상제가 차지하는 고대 신앙에서의 위치를 집요하게 추적한 끝에 "천주는 곧 상제"라는 의미심장할 명제를 선언하기에 이른다. 이 명제에는 어떤 의미가 있는 것일까?

우주를 통치하는 신은 한 분이지만 언어와 문화권, 그리고 시대에 따라 표현이 다르고 그에 따라 거기에 내포되는 내용도 달라진다. 동양에서는 상제가, 서양에서는 데우스(혹은 테오스)가 최고의 신으로 받아들여졌다. 그러나 논리적으로 최고의 신이 둘일 수는 없다. 왜냐하면 상제가 서양을 배제한 동양만의 최고신이 아니듯이, 데우스 역시도 동양을 배제한 서

---

4 배옥영, 『주대의 상제의식과 유학사상』, 26~27쪽.

양만의 최고신을 주장하지는 않기 때문이다. 이렇게 "천주는 곧 상제"라는 명제는 동서양을 아울러 최고신은 한 분임을 내포함으로써 시대와 지역의 제약을 넘어서는 보편성과 타당성을 확보하게 된다. 말하자면 리치의 천주와 상제 명제는 보편신으로서 동서의 종교 통일을 이룰 수 있는 기점이 될 수 있다.

'천주는 곧 상제'라는 주제

16세기 말에서 17세기 초에 중국에서 활약한 가톨릭 예수회 소속의 신부 마테오 리치. 그는 동서의 이질적인 문화를 서로 비교하는 관점에서 집필한 『천주실의』에서 "천주는 곧 상제다"(天主卽上帝)라는, 동서양의 교류사에서 기념비적 선언을 했다. 아이러니하게도 이 파격적인 선언은 중국 자체에서 보다도 오히려 서양 세계에서 극심한 반대에 직면했다. 그 과정은 단지 말싸움에 불과한 것으로 치부될 수도 있을 정도로 형식적이고 감정적인 면에 치중한 면이 없지 않았다. 그러나 그 역사적 의의는 자못 크다. 리치의 사후 1633년, 가톨릭 교회의 프란치스코회와 도미니코회에서 중국에 선교사를 파견하면서 이른 바 전례典禮논쟁이 불붙은 것이다. 그들은 하느님을 천주가 아닌 천이나 상제로 불러서는 안 된다고 주장하여 리치의 견해를 정면으로 공박한다. 또한 예수회의 리치 후배 신부인 롱고바르디N. Longobardi(1565~1655)와 상뜨 마리S. Marie 조차도 천주는 곧 상제라는 리치의 명제를 공공연히 부정했다. 이 논쟁의 여파로 1773년 예수회는 급기야 해체되고, 기독교 자체가 중국으로부터 추방된다. 그리하여 리치의 야심찬 명제는 급격히 빛을 잃게 된다.

최근 일본의 리치 연구가인 스케히로 역시 리치가 정말 마음 속으로는 "천주가 곧 상제임"을 믿지 않았으며, 그러한 "견강부회식 해석"은 이질적인 유교 사회에 기독교를 전파하기 위한 고육지책이었다고 주장하여 리치의 명제가 가지는 세계사적 의의를 깎아내린다.[5] 그러나 이러한 일련의 부정적 해석은 리치의 근본 의도에 배치된다고 본다. 그 이유는 이러하다. 첫째, 리치는 타문화와 대결confrontation하여 그것을 정복하려는 문화대결주의가 아니라 어디까지나 그것을 존중하면서 거기에 적응accommodation하려는 문화적응주의를 견지한다. 둘째, 리치는 상제를 신봉하는 원시유교를 자연신학 혹은 자연종교로 봄으로써 기독교와 유교를 대등한 입장에서 견줄 수 있는 방법론적 토대를 마련했다. 즉 기독교와 유교의 신을 인간의 보편적 이성으로 접근할 수 있는 대상으로 봄으로써 자

---

5 히라카와 스케히로 지음, 노영희 옮김, 『마테오 리치. 동서문명교류의 인문학 서사시』, 458쪽.

기 주장의 객관성을 확보했다.

이렇게 볼 때 리치의 명제는 그의 고유한 견해와 방법론적 귀결이지 그의 표리부동한 속마음에서 나온 억지 결론은 아니다. 그는 결코 가슴에 비수를 숨긴 문화제국주의자가 아니었으며, 동서의 이질성을 뛰어넘어 인류에 대한 사랑을 바탕으로 동서양의 대화와 화합은 물론 진정한 문화의 통일을 위한 토대를 정초한 선구자였다. 다만 그럼에도 불구하고 그는 어쩔 수 없이 서양에서 나고 자란 서양인이기 때문에 어느 정도는 서양중심의 시각을 가진 것은 사실이다. 그렇다고 동서양의 정신을 동시에 섭렵하여 이룩한 그의 불후의 업적이 결코 퇴색하는 것은 아니다. 이것은 리치의 사후 그의 탁월성과 정당성을 적극적으로 옹호했던 라이프니츠, 그리말디, 부베, 제르네, 크리스틴 등의 뛰어난 연구와 견해를 통해서 여실히 입증된다. 그러므로 천주와 상제에 관한 그의 명제는 이런 문맥에서 철저히 재해석되어야 한다. '천주와 상제'는 동서 종교 통일의 출발점이자 결론이 될 수 있는 의미심장한 내용을 담고 있다.

서양 사람 리치의 외로운 선언은 동양에서 의외로 커다란 반향을 불러일으켰다. 그의 각고의 노력으로 하여금 실질적 열매를 맺도록 한 것은 동학의 창시자인 수운 최제우崔濟愚

(1824~1864)였다. 그는 천주가 곧 상제임을 실제로 종교적 차원에서 체험했다. 그는 끊임없이 하늘에 기도한 끝에 하늘의 주인(천주)인 상제와 직접 대화했던 것이다. 그리하여 마침내 상제로부터 '시천주侍天主주문'을 받아("受我呪文", 「포덕문」) 주문을 지었다("以作呪文", 「논학문」). 바로 여기에 리치가 제기한 '천주와 상제'의 문제를 엿볼 수 있는 중요한 단서가 숨어 있다. 그래서 자연스럽게 이런 물음이 제기된다. 왜 상제가 아니고 굳이 천주란 말인가? 수운과의 대화 상대자는 스스로를 '상제'로 칭하지 않았던가? 시'천주'주문에서 '상제'가 들어감직한 자리에 '천주'가 등장한 것이다. 결국 천주와 상제 사이에는 등치관계가 성립함을 유추할 수 있다.

실제로 리치와 수운, 두 인물이 서로 깊은 관계를 맺고 있음을 드러낸 분은 인간으로 강세한 증산甑山 상제(1871~1909)이다. 그는 두 인물의 생전의 삶은 물론 이를 넘어서서 사후의 삶에 대해서까지 시야를 확대한다.

이마두(利瑪竇: 마테오 리치)는… 동양과 서양의 경계를 틔워 예로부터 각기 지경地境을 지켜 서로 넘나들지 못하던 신명들로 하여금 거침없이 넘나들게 하고 그가 죽은 뒤에는 동양의 문명신文明神을 거느리고 서양으로 돌아가서 다시 천국을 건설하려 하였나니… 이마두가 원시의 모든 신성神

聖과 불타와 보살들과 더불어 인류와 신명계의 큰 겁액劫厄
을 구천九天에 있는 나에게 하소연하므로 내가 서양 대법국
천개탑에 내려와… 모악산 금산사 미륵금상에 임하여 30년
을 지내면서 최수운崔水雲에게 천명天命과 신교神敎를 내
려 대도를 세우게 하였더니 수운이 능히 유교의 테 밖에 벗
어나 진법을 들춰내어 신도神道와 인문人文의 푯대를 지으
며 대도의 참빛을 열지 못하므로 드디어 갑자(甲子, 1864)
년에 천명과 신교를 거두고 신미(辛未, 1871)년에 스스로 이
세상에 내려왔나니 동경대전東經大全과 수운가사水雲歌詞
에서 말하는 '상제'는 곧 나를 이름이니라.(『도전』 2:30)

두 인물의 공통점은 무엇인가? 수운은 동학의 창도자이고,
리치는 역사상 처음으로 서학을 동앙에 진한 선구자이다. 리
치가 비록 서학의 창도자는 아니지만 인류를 위한 문명 건설
의 웅대한 비전과 영적 깨달음의 경지, 그리고 후세에 미친 커
다란 정신사적 영향으로 본다면 서학의 대표자로 손색이 없
는 인물이다. 또한 신교와 선의 맥을 이은 수운은 "선도의 종
장"(『도전』 4:8:2)이 된다. 리치에게서는 천국 문명을 지상에 건
설하고 후천선경의 신문명 건설에 역사할 수 있는 "선술묘법
仙術妙法"(『도전』 11:124)과 기독교의 10수(10무극) 원리에 입각한
십자가의 연관성을 주목할 필요가 있다.[6]

<hr>

[6] 문명에 대한 전폭적 관심, 사후에 지상의 천국건설을 위해 몸바쳤다는 점

결국 리치와 수운은 모두 후천의 '선경仙境'을 건설하는 주역이 된다. 이점에서 두 인물은 동서양의 문명을 종합하여 새로운 선문명을 건설할 수 있는 발판을 마련했다고 볼 수 있다. 증산 상제는 이를 바탕으로 후천의 신문명을 완성한다.[7] 여기서 문명이란 결국 정신의 바탕 위에 구축되는 것이며, 바로 그렇기 때문에 여기서는 정신계의 본질을 이루는 종교가 중요한 역할을 한다. 또한 동서양의 이질적인 종교를 통합하는 데 초석이 된 두 인물의 깊은 관계는 매우 중요한 관점을 제시한다.

이 글의 표제인 "천주는 상제다"는 『천주실의』의 제2편에 나오는 "우리 나라의 천주는 곧 중국말로 상제이다"(吾國天主即華言上帝)라는 구절에서 따온 것이다. 이 명제의 참된 의미는 이질적인 두 문화를 서로 비교하는 가운데 비로소 제대로 이해될 수 있다. 천주와 상제는 분명 표현상으로는 같지 않다. 그러나 그 같지 않음(언어 표현, 개념) 가운데서 같음(표현의 의미, 개

에서 리치에게는 선적 요소가 나타난다. 기독교의 정신 역시 선의 정신을 가진다는 점에서 기독교를 서선西仙이라고 볼 수 있다.

7 이 글의 숨은 핵심 가운데 하나는 문명의 문제이다. 동서양의 이질적인 신관을 통합하려는 것이 "천주는 곧 상제"라는 리치의 명제가 추구하는 일차적 목표라면, 그 다음은 그러한 정신적인 바탕에서 새로운 문명을 열어 인류의 진정한 행복을 추구하는 것이기 때문이다. 리치와 수운 두 동서양의 인물은 천주와 상제라는 신관의 문제에 천착했다는 공통점을 가지고 있다는 점을 주목할 필요가 있다. 신관의 문제는 문화의 중요한 뼈대를 이루는 요인이라는 점에서 문명 문제와 밀접한 관계에 있기 때문이다.

념의 대상)을 찾아내는 데에 커다란 의의가 있다. 다시 말해서 동일한 신에 대하여 동서양에서는 그 언어와 문화의 차이로 인하여 다르게 생각하고 다르게 표현한 것이다. 바로 그렇기 때문에 리치의 이 명제가 매우 의미심장한 것이다. 그렇지 않다면 일부 평자들의 말대로 불순한 속마음을 숨긴 불순한 테제라고 몰아부칠 수 있으리라.

리치는 기독교의 창조신인 천주가 동양의 주재신인 상제와 그 속성상 다른 점이 있음을 부정하지 않는다. 그럼에도 불구하고 자연신학theologia naturalis[8]의 입장에서 동서양의 차이를 포괄하는 보편적 이성의 논리로 따져 올라가면 동양인들도 창조신의 존재를 이해할 수 있고, 또한 상세도 그런 시각에서 인식되어야 함을 설득하고자 한다. 왜 그런가? 리치가 직접 언급하지는 않았지만 이 문제는 결국 창조創造신과 조화造化신의 문제로 환원시켜 견주어볼 필요가 있다. 여기서 창조신이 단적으로 무無로부터 만물을 창조했다는 상투적 주장에는

---

[8] 자연신학은 「로마서」 1:19~20: "사람들이 하느님에 관해서 알 만한 것은 하느님께서 밝히 보여 주셨기 때문에 너무나도 명백합니다. 하느님께서는 세상을 창조하신 때부터 창조물을 통하여 당신의 영원하신 능력과 신성과 같은 보이지 않는 특성을 나타내 보이면서 인간이 보고 깨달을 수 있게 하셨습니다. 그러니 사람들이 무슨 핑계를 대겠습니까?"(혹은 「사도행전」 17:27~28)라는 구절을 근거로 삼는다. 즉 인간의 이성으로 신의 존재를 탐구할 수 있다는 신념에서 출발한다.

커다란 모순이 있다. 다시 말해서 기독교의 창조신은 내적으로 보면 조화신이라는 것이다. 동서 종교의 통합 문제는 결국 창조신과 조화신의 밀접한 상호 관계의 시각에서 비로소 실마리가 풀릴 수 있다.[9]

또한 수운의 천주는 분명 우리 민족만의 신이 아니라 세계인의 신이었다. 마찬가지로 리치의 천주는 서교의 신이지만 그들만의 신은 아니었다. 이로써 리치에 이어 수운에게서 동서의 이질적인 두 문화와 신관이 습합적으로 통합될 수 있는 튼튼한 토대가 마련된 것이다.

결국 이 글은 리치, 수운, 증산 상제로 이어지는 역사적 맥락에서 천주와 상제의 관계를 추적한다. 리치는 죽어 신명이 되어서 상제를 알현하여 그가 선언한 '천주가 곧 상제'라는 명제의 의미를 실제로 확인했다. 다음으로 수운의 '시천주'주

---

9 기독교의 신이 창조적 유일신이라는 주장은 상당히 후세에 신학자들의 해석으로 인한 것이다. 히브리어에서 창조신 '엘로힘Elohim'은 단수가 아니라 복수이다. 이는 유일신 관념에 배치된다. 그리고 신의 창조 행위는 일회성으로 그치는 것이 아니라 계속적인 창조로 해석될 수밖에 없으며, 이것은 곧 조화신의 관념에 접근한다. 창조주(조물주)는 반드시 무로부터 단기간(6일간)에 만물을 창조해야만 하는 것이 아니라 조화주로서 매 순간 만물의 새로운 생성이라는 창조 행위를 할 수 있으며 이것이 곧 조화권이다. 이렇게 하여 창조주와 조화주(주재신)는 서로 배척하는 것이 아니라 포괄한다. 이런 시각에서 보면 리치의 '천주=상제' 명제는 과히 틀리지 않은, 정당한 주장을 담고 있다고 할 수 있다.

문에서 상제 자신이 곧 천주임이 간접적으로 드러나면서 천주가 곧 상제라는 리치의 명제가 또 한 번 설득력을 얻게 된다. 그런데 보다 결정적인 것은 상제가 인간으로 강세하여 리치와 수운이 말한 천주와 상제가 곧 자신임을 직접 보여준 것이다.

차례

프롤로그 ··· 4
　‘천주’와 ‘상제’라는 용어 ······················· 4
　‘천주는 곧 상제’라는 주제 ····················· 7

Chapter 1 마테오 리치의 천주와 상제 ··············19
　1. 천주를 어떻게 이해시킬 것인가 ··············· 21
　　문화권을 이어주는 철학 ······················· 23
　　기독교와 타종교 ····························· 26
　　문화권간의 대화 ····························· 29
　2. 천주의 존재 증명 ····························· 35
　　데우스와 천주 ······························· 35
　　천주의 존재 증명 ····························· 37
　3. “천주는 상제다” ····························· 43
　　상제를 고증함 ······························· 43

Chapter 2 수운의 천주와 상제 ·····················53
　1. 동·서학의 천주 사상 ························· 55
　　서학 천주 사상의 전래 ······················· 56
　　수운의 신호칭 ······························· 62
　　동·서학의 천주 ····························· 66
　2. 수운이 만난 상제 ····························· 77
　　대표적인 신 호칭, ‘상제’ ····················· 77
　　수운의 신 관념 : 시천주주문 ··················· 79
　　주문21자 ··································· 81
　　지기와 천주 ································· 82
　　불연기연의 신 인식 ························· 88

Chapter 3 인간으로 강세한 천주, 증산 상제 ········ 93

  1. 증산 상제와 마테오 리치 ································· 95
    상제의 지상 강세를 탄원함 ····················· 96
    천하대순에 동행함 ······························· 99
    신명계의 주벽, 구천상제 ························· 100
    후천선경 건설에 역사함 ··························· 102
  2. 증산 상제와 수운 최제우 ···························· 105
    상제의 지상 강세와 수운의 역할 ··············· 107
    참동학을 예고함 ································· 109
    신교의 도맥을 계승함 ··························· 110
    리치와 수운, 동 · 서학의 깊은 관계 ··············· 111
  3. 증산 상제 ······································ 115
    선천 종교와 증산 상제 ··························· 117
    증산 상제의 신원身元과 삼계대권 ··············· 121
    천지공사 ·· 125
    개벽장 하느님, 증산 상제 ······················ 130
    인류 구원의 법방 ······························· 133
    새로운 문명의 지평, 후천선경 ··················· 136

에필로그 ·· 139

참고문헌 ·· 145

찾아보기 ·· 149

Chapter 1

마테오 리치의 천주와 상제

天主實義序
天主實義大西國利子及其鄉會友與
吾中國人間荅之詞也　天主何
上帝也實云者不空也吾國六經四子
聖聖賢賢曰畏上帝曰助上帝曰事
上帝曰格上帝夫誰以為空空之說
漢明自天竺得之好事者曰孔子雀
稱西方聖人殆謂佛與相與鼓煽其

1603년 베이징에서 출간된 『천주실의』의 서문. 리치의 지인인 풍응경馮應京 (1555~1606)이 썼다. 중국에서 박사이자 큰 스승에 부여하는 '~子' 칭호가 보인다. 이 책은 일반인도 이해할 수 있도록 쉽게 쓴, 일종의 교리 해설서이다.

1. 천주를 어떻게 이해시킬 것인가

"지존하신 분은 둘이 아니라 오직 한 분뿐입니다… 우리 나라의 천주는 곧 중국말로 상제입니다… 우리의 천주는 바로 옛 경전에서 말하는 상제입니다."(夫至尊無兩, 惟一焉耳… 吾國天主卽華言上帝…吾天主, 乃古經書所稱上帝也.)(『天主實義(上)』 II-14)

리치가 인류사에 던진 화두 "천주는 곧 상제다"는 과연 어떤 관점에서 받아들여야 할 것인가? 리치는『천주실의』제2편에서 기독교의 최고신인 '데우스deus', 즉 '천주'가 유교문화권의 최고신인 '상제'와 서로 다르지 않다고 결론지었다. 그러면 그의 주장은 액면 그대로 받아들여야 할 것인가? 그렇지 않다. 그의 명제는 철저히 두 문화권을 비교하는 관점에서 읽어야 한다.[10] 두 문화권은 수 천년간 상호간에 이렇다 할 교류도 대화도 없이 단절되

10 비교하는 관점이란 비교되는 양자가 서로 완전히 다르거나 혹은 같은 경우에는 성립되지 않거나 의미가 없게 된다. 따라서 양자는 같으면서도 다른 면이 있어야만 비교의 의미가 있다.

어 있었다. 따라서 천주와 상제는 동일한 내용의 개념일 리가 없다. 리치도 그것을 너무나 잘 알고 있었다. 그렇다고 전혀 다른 개념이라고 볼 수도 없다. 아무리 문화가 다르고 인종이 다르다고 하더라도 그 주체가 인간인 이상 그 어떤 일말의 공통점이 있게 마련이다. 리치는 그것을 이성이라 불렀다. 인간이 이성을 가지고 있는 이상 상호간에 소통할 수 있는 가능성은 늘 열려 있는 것이다. 그러므로 리치는 천주('데우스')와 상제라는 이질적인 언어 표현 가운데서 동일한 의미를 찾아내고 또 그것은 결국 같은 의미 내용을 달리 표현한 것으로 이해했다. 그 전모를 보다 입체적으로 이해하기 위해서는 우선 이러한 맥락에서 이 명제의 숨은 의도와 그 성립 배경을 살펴볼 필요가 있다.

리치가 우선 동서의 이질적인 문화권을 이어주는 수단으로 삼은 것은 철학이다. 서양에서 유구한 역사와 전통을 가지고 있는 철학. 동서의 정신을 아우르는 통일된 지반을 찾으려는 리치에 있어서 철학은 과연 무엇이며 어떤 역할을 한 것일까?

인류 역사상 처음으로 동서양의 문명을 소통케 한 마테오 리치 신부. 1589년 중국에 들어가서 기독교 전파와 동서의 문물 교류를 위해 일생을 바쳤다.

문화권을 이어주는 철학

리치는 대학에서 신학과 철학을 함께 공부했다. 그는 로마대학의 전통에 따라 철학의 중요성을 깊이 인식하고 충분한 훈련을 쌓았으며 이 때 쌓은 철학과 그 방법론적 소양은 후일 『천주실의』에서 매우 중요한 역할을 한다.

중세 스콜라철학의 대표자인 아퀴나스St. T. Aquinas(1224~1274)는 철학이 신학의 시녀라는 입장을 견지했다. 철학을 신학에 종속시키는 이러한 입장은 중세 기독교 신학에서 절대적인 타당성을 가지고 있었다. 일찍이 아우구스티누스A. Augustinus(354~430)는 신학을 신비신학, 정치신학, 자연신학으로 분류한 바 있다. 그는 철학을 자연신학Theologia naturalis의 영역에 속하는 것으로 보았다. 리치는 바로 이 전통을 따른다. 그러므로 그는 철학을 자연신학에 속하는 분과로 단정하고 논의를 전개한다.[11] 그는 독자에게 일방적으로 기독교를 소개하고 그것을 강요하기보다 철학이라는 보편적 수단을 통해 기독교를 동양인들에게 보다 논리적이고도 효과적으로 이해시키고자 하였다. 즉 동서양의 상식과 사상은 다르지만 인간이 보편적으로 가지고 있는 이성을 바탕으로 하는 철학은 서로 이해할 수 있는 공통의 기반을 제공하는 것으로 보았다.

---

11 K. Mertes, "Christentum und nicht-christliche Religion—Theologische Überlegungen zu Matteo Ricci", in: H. Butz/ R. Cristin(Hrsg.), *Philosophie und Spiritualität bei Matteo Ricci*, 55쪽.

1574년 말부터 1577년 초까지 리치가 로마대학에서 공부한 학문은 논리학, 물리학, 형이상학, 수학 등일 것으로 추측된다.[12] 리치가 받은 철학 수업에서는 특히 변증법의 훈련이 두드러진다. 변증법dialectic이란 기본적으로 두dia 사람 혹은 진영 간의 토론을 효과적으로 이끌어가는 기술lectic이라 할 수 있다. 물론 한 사람의 사유 속에 나타나는 두 가지 상반된 생각의 흐름을 효율적으로 정리하는 기술이란 의미도 있다. 변증법의 의미를 그대로 반영하기라도 하듯 수업 시간에는 교수가 참석한 가운데 치열한 논쟁이 벌어지곤 했다. 누구나 이러한 변증법을 포함한 논리학과 형이상학, 인식론, 우주론 등 철학 공부는 신학의 토대를 굳건히 하고 참된 신앙을 성취하기 위한 필수적 방법이라 여겼다. 리치는 훗날 이렇게 배양한 지식을 중국 학자들, 특히 불승 삼회三淮와의 논쟁에 실제로 유용하게 활용하기도 한다.

'철학적'[13]이라 특징지어지는 리치의 전 저작은 '역사적'인 것과 '신학적'인 것으로 세분될 수 있다.[14] 리치의 저작을 철학에 대한 일반적인 분류에 의거하면 다음과 같이 정리할 수 있다.[15]

---

12 F. Mignini, "Matteo Ricci als Philosoph. Anmerkungen zu einer Forschungsarbeit", in: H. Butz/ R. Cristin(Hrsg.), 앞의 책 , 23쪽.

13 서양의 전통에서 보통 철학과 신학은 구별되는데, 사물의 전체 영역에 관한 탐구와 지식이 철학에 속한다. 리치는 대부분의 저술에서 철학을 인문과학, 도덕과학이라 이해한다.

14 F. Mignini, 앞의 글, 24쪽.

15 앞의 글, 25쪽.

1. 논리적–존재론적 저술: 『천주실의』, 『사행설四行說』, 『미신적 종파에 대한 논쟁』, 『서국기법西國記法』
   2. 도덕적 저술: 『교우론』, 『서금곡의팔장西琴曲意八章』, 『25언』, 『기인십편畸人十篇』, 『천주실의』 하권

리치 자신은 ‘철학자’라는 개념을 대체로 중국의 지식인들을 망라하여 나타내기 위하여 사용했으며, 그런 문맥에서 ‘철학’이라는 개념을 폭넓게 이해했다. “만일 이 왕국에서 철인이 왕이라고 말할 수 없다면 정당하게도 왕은 철인에 의해서 가르쳐진다고 주장할 수 있다.”[16] 이상적인 국가에서 왕은 철학자여야 한다고 주장한 플라톤의 국가론politeia을 연상시키는 이 구절은 중국에서 정치와 철학의 중요하고 긴밀한 관계를 엿볼 수 있게 한다. 철학 수업을 통해서 플라톤의 이 내용을 잘 알고 있었을 리치가 이상국가의 전형을 중국에서 발견했을 법한 대목이다. 리치는 공자를 중국의 가장 위대한 철학자로, 그리고 노자를 “옛 철학자”로 여기고 있다.[17]

그런데 결정적으로 중요한 사실이 있다. 리치는 기독교와 유교를 종교가 아닌 철학적인 지평에서 대비시켰다는 점이다. 그 까닭은 무엇이었을까?

원칙적으로 기독교를 제대로 소개하기 위해서는 신의 비합리적인 계시啓示와 초월성, 예수의 십자가 사건과 승천, 부활 그리고

16 히라카와 스케히로 지음, 노영희 옮김, 앞의 책, 146쪽에서 재인용.
17 F. Mignini, 앞의 글, 26쪽.

후대에 불거진 삼위일체 등의 문제를 다루는 것이 정석이다. 그러나 이런 문제는 『천주실의』에서 거의 논의되지 않았다. 아마도 의도적으로 배제한 것으로 보인다. 기독교의 신은 어떤 기능이나 언어적 표현, 이성적 추리에 의해서 표현될 수 없는 비합리적인 존재 방식을 취한다. 따라서 이성이라는 자연신학의 입장에서 이 문제를 상세히 건드릴 경우 득보다는 실이 많을 수 있다. 이런 복잡한 문제를 제기하는 것은 중국인들에게 기독교를 이해시키는 데 오히려 장애가 될 수도 있다고 판단했으리라. 그러나 이런 전략적인 이유는 두드러지기는 하지만 결정적인 것은 아니다.

기독교와 타종교

정작 이런 이유보다도 더 중요한 것이 있다. 리치는 예수회 신부이기 때문에 결코 타종교와 그 신을 인정할 수 없었다. 왜냐하면 기독교의 신은 유일신인데, 타종교를 인정한다는 것은 곧 다른 신이 존재함을 인정하는 것이며 이것은 유일신의 개념에 위배되기 때문이다. 즉 타종교와 그 신을 인정하는 것은 곧 기독교와 그 신의 존립을 위태롭게 하는 결과를 가져오는 것이다. 그가 불교와 도교를 그토록 격렬하게 비판하는 것은 그것이 명확하게 종교를 표방한다고 보기 때문이다. 그러나 그는 불교와 도교를 종교로서 인정하지 않으며 근본적으로 미신이요 우상숭배이며 마술에 지나지 않는 것으로 보았다. 그러므로 불도佛道에 대한 그의 지나치리만치 가혹한 비판을 그의 무지의 소치로만 치부해서는 안 된다. 여기서는 자연신학이라는 그의 철학적 신조가 판단 기준이 되고 있는 것이다.

그는 결국 기독교의 유일신인 천주가 원시 유가에서 말하는 상제와 동일하다는 결론을 내렸다. 그렇다면 그는 결국 유교를 종교로 인정한 것인가? 이것은 분명 앞뒤가 맞지 않는다. 리치는 분명 유교를 종교가 아닌 철학 혹은 도덕적 가르침으로 간주하기 때문이다. 그러므로 그는 공자를 위대한 철학자로 보았지, 한 종교의 교주로 보지는 않았다. 만일 그렇지 않다면 기독교와 유교는 양립할 수 없는 관계가 될 것이다. 이 모순을 리치는 원시 유교를 일종의 자연신학 혹은 사연종교라 봄으로써 해결했다. 이렇게 하여 유교와 기독교는 충돌을 일으키지 않고 양립하는 관계가 될 수 있었다. 물론 유교가 종교가 아니고 자연신학의 범주에 속하는 것이라면 어떻게 그 신인 상제가 기독교의 유일신과 대등할 수 있는가? 하는 문제는 여전히 미해결로 남는다. 즉 리치의 구도 속에서 기독교와 유교는 여전히 비대칭으로 남는다는 것이다. 이에 대해 리치는 침묵한다.[18]

그러면 리치는 왜 이처럼 불도 등 동양의 종교에 대해서 비우호

18 물론 유교가 종교가 아니라고 하더라도 원시유가들의 순박한 심성에는 일체의 작위성이 섞여들지 않은 순수한 상태를 유지하기 때문에 최고신에 대한 소박한 신앙이 가능하다고 변명할 여지는 있다. 이것은 엄격한 철학적·신학적 논변이 아니라 소박한 현실적 논법이다.

적이었던 것일까? 리치가 활동하던 16세기의 유럽의 신학과 기독교 전통에서는 타종교와의 대화에 매우 낯설었다. 그만큼 기독교는 경직되고 타종교에 대한 관용이 부족했다. 그로부터 400여 년이 지난 후 제2차 바티칸 공의회Concilium Vaticanum Secundum를 거쳐서야 비로소 가톨릭 교회는 상이한 종교간의 대화를 어느 정도 할 수 있게 되었다. 이 회의는 1962년부터 1965년까지 로마 가톨릭이 대외적으로 장차 앞으로 나아갈 길을 타진할 목적으로 열렸다. 그러므로 유럽적, 기독교적 르네상스의 전통을 이어받은 리치는 비기독교적인 철학에 대해서는 개방적인 태도를 취했지만 비기독교적인 종교(불교, 도교 등 동양 종교)에 대해서는 그렇지 않았다. 그는 직접 중국의 고전들을 읽고 이해하여 그것을 라틴어로 번역하는 등 적극적인 접근을 통해서 그 드높은 고전적 가치를 체험했다. 사서삼경을 비롯한 경전들을 자연신학의 범주에 귀속시킨 것이다. 그리하여 그 고전적 정신을 현실적으로 실현하고자 노력했던 공자와 유교를 높이 평했으나 인도에서 전래되어 중국의 주요 종교가 된 불교나 자생적 도교에 대해서는 극단적인 부정적 입장을 견지했던 것이다.

어떻든 천주는 곧 상제라는 리치의 대담한 명제는 기독교와 유교의 공통 지반인 자연신학, 즉 철학에서 비로소 가능했다. 철학은 인간이 보편적으로 가지고 있는 이성ratio으로 추구하는 학문이다. 철학의 주체로서의 이성은 근대 데카르트의 계몽적 이성과

맥을 같이한다고 볼 수 있다. 인간의 사유 능력을 세계의 중심에 설정하고 거기로부터 모든 것을 연역하는 입장인 것이다. 물론 르네상스의 영향을 받은 인문주의자 리치가 말하는 이성은 시대를 뛰어넘는 포괄적인 의미의 이성이다. 그것은 저 아리스토텔레스의 희랍적 이성인가 하면 토마스 아퀴나스의 중세적 이성, 유교에서 말하는 '천명지위성天命之謂性'의 이성이기도 하다. 요컨대 여기서 이성은 자연과 인간의 영역은 물론 신의 영역이라는 드높은 경지에까지 접근해갈 수 있는 인간의 탁월한 능력인 것이다.

문화권간의 대화

기독교의 결론적 가르침이 유일신 하느님에 대한 경배와 사랑, 그리고 인간 상호간의 사랑을 실천하는 것이라고 한다면 리치에게 주어진 궁극적 과제가 무엇인지는 매우 분명해진다. 이러한 사랑의 메시지를 제대로 전파하기 위해서 기독교를 일방적으로 중국인들에게 주입시킬 것이 아니라 서양은 동양을, 동양은 서양을 서로 잘 이해할 수 있도록 해주는 일이 절실히 요구된다. 이를 위해서 리치가 택한 것은 '대화dialog'의 방법이었다. 이는 앞서 말한 변증법의 정신을 현실에 적용한 결과이기도 하다. 왜냐하면 변증법의 실질적인 의의와 목적은 원만한 대화를 통해서 갈등을 해소하고 나아가 서로 돕고 사랑하도록 하는 것이기 때문이다.

리치는 세계를 향한 봉사와 인류 사랑이라는 열린 마음을 가지고 낯선 문화에 대해서 개방적이고도 가능한 한 편견이 없는 대화를 더 없이 중시했다. 놀랍게도 그는 오늘날 유행어가 된 'glocal(global+local)'이라는 개념처럼 범지구화된 세계와 지방적 정체성을 통합하기 위하여 서로 낯선 문화간의 대화를 삶의 모토로 삼았다. 그는 실제로 이질적인 두 문화권간의 참된 대화를 성사시키기 위해 일생을 바쳤으며, 그 결과 역사상 최초로 막혀 있던 동서양의 이질적인 문명이 서로 교류할 수 있는 길을 터놓았다. 지금부터 약 400여 년 전의 인물이 바로 오늘날에 그 중요성이 더욱 절실하게 요구되고 있는 문화권간의 대화와 소통의 문제를 일찍이 감지하고 진지하게 그 해결책을 모색했던 것이다. 리치는 분명 동서간의 대화의 필요성을 절실히 느끼고 그것을 실현하기 위해 노력한 선각자였다.

일찍이 리치의 위대함과 진가를 알아본 사람은 이진법dyatic system과 미적분을 창안하는 등 수학과 자연과학에 능했던 위대한 수학자이자 비교문화학자요 철학자였던 라이프니츠G. W. Leibniz(1646~1716)였다.[19] 그는 리치를 이성을 토대로 하여 상이

---

19 라이프니츠는 이탈리아 여행중 예수회 중국 선교사인 그리말디C. F. Grimaldi를 만나 중국의 문물에 대하여 듣고 북경에 있던 예수회 선교사 부베J. Bouvet에게 편지를 통해 주역의 64괘를 정방형으로 배열한 방원도方圓圖를 제시했다. 리치는 이것을 원형과 사각형으로 각각 배치했는데, 부베는 바로 이것을 통해서 주역의 64괘가 라이프니츠의 이진법의 수리구조와 일치한다고 주장했다. 이후 라이프니츠는 비뇽A. J. Binnon 신부에게 「이진수의 해명, 복희씨의 고대 중국의 괘에 주어진 유용성과 의미에 주석과 0과 1만을 사용하는 이진수의 해명」이라는 논문을 보냈다. 여기서 라이프니츠는 자신의 이진수와 주역의 괘가 수리적 구조

한 문화권간의 만남과 대화를 가능케 한 전형으로 평가했다.[20]
그 밖에도 『중국과 기독교*Chine et christianisme-La premie're confrontation*(1982)』에서 리치를 동서양 문명의 만남과 대화라는 시각에서 새롭게 조명한 프랑스의 비교철학자 제르네J. Gernet(1884~1940)는 너무나 유명하며[21], 『마테오 리치. 동서문명교류의 인문학 서사시(2002)』에서 리치를 "비교문명사의 인물", "최초의 세계인"으로 평가하는 등 리치의 중요성과 시대적 의의를 새롭게 일깨운 일본의 비교문화사가인 스케히로Sukehiro Hirakawa가 있다. 최근 독일의 이태리문화원 원장이며 트리스트대학교Universität Triest 철학과 교수인 크리스틴R. Cristin 역시 오늘날의 각종 위기를 대화의 부재라는 시각에서 바라보고 국제 사회에서 대화가 적극적으로 요구됨을 지적하면서 리치를 낯선 문화간의 대화를 주도한 선구자로 높이 평가했다.[22]

이처럼 대화를 중시한 리치가 도입한 대화법은 서양에서는 이미 고대 희랍 이래 변증법dialectic이라는 유구한 전통을 가지고 있었다.

에서 동일하다는 부베의 견해를 인정한다. 배선복, 「해제」, 라이프니츠 지음, 배선복 옮김, 『모나드론 외』, 서울: 책세상, 2007, 68~71쪽 참고.

20 라이프니츠 지음, 이동희 편역, 『라이프니츠가 만난 중국』, 서울: 이학사 2003 참고.

21 히라카와 스케히로 지음, 노영희 옮김, 앞의 책, 709쪽.

22 R. Christin, "Die Antwort des christlichen Westens auf die Frage der Interkulturalität", H. Butz/ R. Cristin(Hrsg.), 앞의 책, 13~19쪽.

인류의 스승으로 추앙받는 소크라테스는 이 대화법으로 직접 여러 사람들과 대화를 나누었다. 진리가 무엇인지 알지 못하던 사람도 이를 통해서 스스로의 무지를 자각하여 결국 진리에 도달하곤 했다. 이는 마치 산모가 산파의 도움을 받아서 아이를 순산하는 이치와 같다고 하여 산파술産婆術이라고도 한다. 소크라테스의 제자 플라톤이 비로소 이 대화법을 변증법辨證法으로 정착시킨다. 그의 이데아론은 변증법이라는 방법론에 의하여 관철되며, 그의 모든 저술은 변증법적인 대화체로 되어 있다. 서로 상반된 견해를 가지고 있는 대화의 상대자는 허심탄회한 대화를 통해서 결국 일치된 견해에 도달하게 되며, 이것을 진리라 한다. 말하자면 변증법이란 진리에 도달하는 방법, 진리를 찾아내는 방법인 것이다. 이 방법은 중세의 토마스 아퀴나스와 아우구스티누스는 물론 근세의 칸트I. Kant(1724~1804)와 피히테J. G. Fichte(1796~1879)를 거쳐 헤겔G. W. F. Hegel(1770~1831), 나아가 마르크스K. Marx(1818~1883)의 중요한 방법론으로 각광을 받게 된다.

이처럼 유서 깊은 변증법이 『천주실의』의 가장 기본적인 방법으로 사용되었음은 주목할 만하다. 『천주실의』에서 두 대화자인 '중국 선비(中士)'와 '서양 선비(西士)'는 거의 정반대의 입장에서 대화를 시작한다. 그리하여 서로의 의견을 좁혀가서 마지막에는 합의consensus에 도달하게 된다. 이 합의는 의견의 일치로서 진리의 상태라고 할 수 있다. 물론 여기서 '중국 선비'는 리치가 실제로 대화했던 중국의 선비들일 수도 있고, 아니면 리치 자신이 상상으로 설정한 가상의 인물일 수도 있으며, 아니면 이 양자일 수도 있다. 아마도 중국 선비는 리치가 실제로 중국에서 만난 선비이거나 아니면 충분히 예상되는 견해를 표출할 수 있는 인물일 것으로 보인다. 또한 '서양 선비(西士)'는 서양 정신의 대변자로서의 리치 자신이라고 할 수 있다. 어떻든 이러한 변증법적 상황의 설정은 동양과 서양이라는 상이한 두 진영의 견해를 반영한 명제가 종합되어야 한다는 리치의 굳은 신념에 근거한다고도 볼 수 있다. 이 구도 설정에는 동서 문화의 이질성을 극복하여 하나의 통일된 문명을 건설하고자 하는 리치의 문제의식이 잘 드러난다. 『천주실의』에는 동양과 서양이 서로간의 허심탄회한 대화를 통해서 상반된 견해를 조정하여 합의라는 진리에 도달해야 한다는 리치의 강한 의식이 엿보인다. 어떻든 이 작품은 동서양의 정신적 토대를 모두 이해한 바탕에서 드높은 정신적 토론과 대화를 모색한 동서 최초의 천재적 기획임에 틀림이 없다. 이것은 동서의 정신사에 있어서 새로운 경지를 개척한 기념비적 의의를 가지고 있다.

중국 베이징 교외의 책란栅欄에 위치한 마테오 리치의 묘. 만력제는 황제로서는 중국 역
사상 처음으로 친히 서양인에게 묘지를 하사했으며, 그곳을 책란묘지라 불렀다.

2. 천주의 존재 증명

데우스와 천주

리치가 모신 기독교의 하느님(데우스)은 흔히 독생자 예수를 보내 인류를 구원하고자 했다는 천상의 신이다. 리치는 『천주실의』에서 기독교 신학의 전통에 따라 하느님의 존재를 증명했는데, 그에 앞서 그러한 신은 과연 어떠한 존재인지를 되짚어 볼 필요가 있다. 신을 어떻게 정의하고 이해하느냐에 따라 그 증명은 다른 의미를 가질 것이다. 경우에 따라서는 증명할 필요가 없는 신도 있기 때문이다. 예컨대 한자문화권에서는 신 존재 증명에 대한 논의가 서양에서처럼 끈질기게 진행되지 않았다.

기독교에 어떤 통일적 교의 체계는 결코 없다. 그것은 역사적으로 전개되었고 지금도 계속해서 형성되는 과정에 있기 때문이다. 시대와 종파에 따라, 시각과 입장에 따라 서로 다른 견해와 해석이 충돌하고 합해져 가는 끊임없는 과정일 뿐이다. 그러나

하느님의 속성에 관하여 거의 모든 종파에 공통되는 교의 내용은 이렇게 정리할 수 있다.[23]

1. 유일신 하느님은 인간과 만물을 창조했다. 인간은 악마로 인하여 죄를 지었다.
2. 하느님은 인간을 사랑하여 예수 그리스도를 보내어 인간을 구원하도록 했다. 예수는 인간을 구원하기 위해 십자가에 못 박혔으며, 이로 인해 죽어서 승천했으나 인간을 심판하기 위하여 재림한다.
3. 새 하늘과 새 땅이 열려 하느님의 왕국이 열린다. 이 왕국에서는 만인이 평등하며, 하느님은 인간이 서로 사랑하고 화해하라고 가르쳤다.

그러면 이러한 성격의 하느님을 어떻게 불렀을까? 그것은 성서 시대에 이스라엘에서 히브리어로 '야훼Jehovah'(혹은 '여호와'), 헬라어로는 '이파'('$Ia\beta\varepsilon$', 당시 발음)로 불렀다. 라틴어로는 그냥 '신'이라는 뜻의 '데우스deus'로 표기된다. 기독교 전통에서 신이란 으레 유일한 존재로 인식되기 때문이다. 기독교의 전통에 따라 학술과 종교 활동에서 주로 라틴어를 사용했던 리치는 자신이 모신 신의 호칭인 데우스를 한자어로 '천주天主'로 옮겼다. 이는 중국인들이 전통적으로 받들어 온, 자연성과 인격성을 동시에 가지고 있었던 '천'에 인격신의 의미를 더욱 강조하는 '주'를 합친 것이다. 말하자면 전통적인 천이 천지만물을 주재한다는 인격성의 의미를 가지고 있기는 했으나 동시에 자연성의 의미를 가지고 있었기

---

[23] J. Hoffmann-Herreros, Matteo Ricci. *Den Chinesen Chinese sein - ein Missionar sucht neue Wege*, 23~26쪽.

때문에 이에 '주'를 더하여 인격신의 성격을 분명히 하고자 한 것이다. '천주'는 원래 중국 고대 신앙에서 등장하는 8신 가운데 한 신으로 하늘을 주재, 관장하는 신이라는 제한된 의미를 가지고 있었다. 그러나 리치가 말하는 천주는 이런 좁은 뜻이 아니라 하늘과 땅은 물론 인간계를 두루 통치하는 인격적 주재신의 의미를 가진다.

일반적으로 기독교의 하느님(천주)은 유일신이요 초월신이며 창조신으로 알려져 있다. 역사적으로 이에 대한 존재 증명이 기독교 신학의 가장 중요한 문제로 여겨졌다.[24] 이에 따라 리치는 '신은 과연 존재하는가?' 하는 이른 바 존재론적 물음을 제기한다.

천주의 존재 증명

『천주실의』의 천주 존재 증명은 "천주께서 천지를 개벽(開闢天地)하고 사람과 만물을 강생시킨"[25](『天主實義(上)』, I-2) 분이라는 대

---

[24] 신의 존재를 증명의 대상으로 여긴 것은 서양의 유구한 전통에 속한다. 아마도 유클리드 기하학과 같은 수학의 영역에서 '공리'를 증명하는 절차를 견본으로 한 것이 아닌가 한다. 수학적 공식과 정리의 참을 입증함으로써 그 진리성을 인정받으려는 욕구와 관련된다. 이것이 기독교의 창조신의 성격과 모종의 관련을 가지는 것인지는 속단할 수 없다. 다만 기독교의 신에 대한 존재 증명의 역사는 매우 역동적이었고 또 끈질겼다는 점에서 다른 문화권의 경우와 구별되는 것은 사실이다.

[25] 마테오 리치 지음, 송영배 외 옮김, 『천주실의』. 이 책의 인용은 본문 중에 편장절로 삽입한다. 리치가 여기서 "천주께서 천지를 개벽했다."는 표현을 하고 있음은 매우 흥미롭다. 물론 그는 기독교적인 입장에서 천주가 천지를 창조했다고 믿고 있음에 틀림이 없지만, 이를 여기서는 "개벽開闢"으로 표현하고 있음에 주목할

전제에서 출발한다. 그러면 이러한 사실을 어떻게 알 수 있으며, 믿을 수 있는가? 그 근거를 리치는 자연신학의 밑바탕인 인간의 '이성'(靈才, intellect)에서 찾는다.(『天主實義(上)』, I-2)

　이성은 사물의 이치를 통해서 사물의 진위와 시비 그리고 그 본말을 통찰할 수 있고 어떤 일의 결과를 통해서 원인을 추리할 수 있는 인간의 지성적 능력이다. 마치 태양이 만물을 비추듯이, 이성은 만물의 이치를 환히 비추는 빛과도 같다. 중세의 신학과 철학에서는 자연의 빛과 이성의 빛이 나란히 비유된다. 자연의 빛, 즉 햇빛이 사물을 비춤으로써 인간은 사물을 볼 수 있듯이, 이성의 빛을 통해서 사물의 내면이나 영혼 혹은 신을 볼 수 있다는 것이다. 이 점에서 이성의 빛이란 결국은 인간의 지성 속에 주어져 있는 신의 지혜, 신의 말씀(로고스)이다. 인간은 신으로부터 이성이라는 능력을 받은 셈이다. 그래서 신과 인간은 이성을 통하여 서로 연결되어 있는 것이다. 이것은 '천명지위성天命之謂性'이라는 유교의 가르침과 견주어 볼 수 있는 대목이다. 하늘(혹은 하느님)의 명이 인간에게 내려진 것을 성性이라 하며, 인간은 이점에서 신의 성품을 나누어 받은 것으로 볼 수 있기 때문이다. 서양 근대의 헤겔은 인간의 이성으로 신에 접근할 수 있으며, 최고로 고양된 이성은 신과 다르지 않다고 보았다. 리치가 말하는 이성이나 『중용』의 '천명지위성'은 모두 이런 의미의 이성과 궤를 같

필요가 있다. 우주의 주재자인 증산 상제가 말하는 개벽과 견주어 볼 수 있다.

이한다.

인간은 신으로부터 사물의 진위와 시비는 물론 그 기원과 속성을 추리할 수 있는 이성 능력을 받았다. 따라서 이성은 신이 과연 존재하는지도 추리할 수 있는 능력을 가지고 있다고 볼 수 있다.

리치는 천지만물을 창조하고 그것을 주재하는 천주가 정말로 존재한다는 증명을 대체로 토마스 아퀴나스의 신 존재 증명, 즉 '신에 이르는 다섯 가지 길'을 거의 그대로 답습한다.[26](리치는 거의 모든 것을 자신의 놀라운 기억력에 의존한다.) 그러나 리치는 전통적으로 가장 완전한 존재라는 개념으로부터 신의 존재를 추리하는 이른바 존재론적 증명을 거부한다. 그는 주로 세계의 궁극적인 원인으로서 신의 존재를 추리하는 우수론적 증명과 세계에 분명히 존재하는 질서, 합목적성, 아름다움으로부터 세계를 창조한 신의 존재를 추리하는 물리신학적 증명에 의존한다.(『天主實義(上)』 I-3) 이것은 세계 전체의 과정을 통해서 제1형상으로서의 신을 설정하는 아리스토텔레스의 형이상학과 이를 계승한 토마스 아퀴나스의 신관의 영향으로 인한 것이다.

리치는 천주의 존재 증명을 통해서 만물은 천주로부터 생겨났다는 결론에 이른다. 그러나 순환적이며 농경적인 전통이 강한 동양적인 사유에서는 직선적이며 유목적인 전통을 따르는 서양

---

26 리치는 여기서 토마스 아퀴나스(1224~1274)에 의존한다.

의 창조설을 받아들이기는 매우 힘들다.(『天主實義(上)』 I-6) 그러므로 리치는 동양인들에게 비교적 익숙한 "사물의 소이연所以然"(상동)에 의한 증명의 길을 택한다.[27] '소이연'이란 '그러한 이유, 근거, 까닭'으로서 현상이 그러하게 존재하는 근거 혹은 그러한 근거를 밝히는 일을 말한다.

리치는 개별적인 사물의 소이연은 무수히 많지만 이 모든 소이연을 궁극적으로 근거지우는 최후의 소이연은 천주이며, 따라서 천주는 둘일 수 없고 오직 한 분일 수밖에 없다고 말한다. 이는 한 가정에는 아버지가 둘일 수 없고, 한 나라에도 군주가 둘일 수 없음과 같다는 것이다. 그러므로 "하늘과 땅 사이에 비록 귀신이나 신들이 많다 해도, 오직 천주만이 원초에 천지와 사람과 만물을 창제하고 때에 맞게끔 그들을 주재하고 편안하게 생존시키고 계신다."(『天主實義(上)』 I-7) 아리스토텔레스식으로 말하면 모든 사물의 기원을 따라 올라가면 제1원인(제1형상)에 도달하기 마련이며 이것이 곧 천주라는 것이다.

결국 천주는 우주론적으로 보나, 목적론적으로 보나 최초의 원인 혹은 최고의 완전성을 가진 존재로서 만물이 그 곳을 향해서 나아가는 목적이면서 동시에 만물을 생성케 하는 근원으로 정의할 수 있다.

27 원래 소이연은 신유학자인 주희의 용어로서 '소이연지고所以然之故'에서 왔으며, 결국 무엇으로 하여금 무엇이 되도록 하는 존재 근거를 말한다.

리치의 증명 절차는 아리스토텔레스와 토마스 아퀴나스의 형이상학과 신학, 그리고 형식 논리에 의거해 있다. 여기서는 기하학적 논증 절차가 바탕에 깔려 있다. 기하학은 정리와 공리를 통해서 법칙을 증명하는 학문이다. 처음에 신화적 사고로부터 인간적 사고, 이성적 사고를 가능케 한 희랍의 사상가들은 모든 사고의 중심에 기하학을 두었다. 그래서 플라톤이 세운 아카데미아 정문에는 "기하학을 모르는 사람은 들어오지 말라!"는 표어가 있었다고 한다. 어떻든 희랍에서 수학적 사고는 결정적 중요성을 가지고 있었으며, 그 전통은 중세와 근대를 거쳐 면면이 이어져 내려온다. 따라서 학과를 초월하여 기하학 혹은 수학적 사고 방식은 매우 익숙한 것이다. 이것은 동양인에게는 매우 낯선 논법이며 절차이다. 그러나 이러한 낯선 내용은 호기심을 가진 동양 지식인으로 하여금 커다란 관심을 가지고 접근할 수 있도록 하는 촉매제의 역할을 하기도 했다. 비록 동양인에게는 익숙하지 않지만 상식적이고 논리적이며 합리적인 측면은 문화권을 초월해서 넓은 이해를 구할 수 있는 잇점이 있기 때문이다. 물론 이로 인하여 불도교들은 물론 신유학의 학통을 따르는 유자儒者들의 반발은 무시할 수 없는 수준에 이르고 있었다.

103

吾天主，即華言上帝；與道家所塑玄帝玉皇之像不同，彼不過一人，修居於武當山，俱亦人類耳，惡得為天帝皇耶？

102

西士曰：雖然，天地為尊之說，未易解也。夫至尊無兩，惟一焉耳；曰天、曰地，是二之也。

101

中士曰：吾國吾臣，自古迄今，惟知以天地為尊，敬之如父母，故郊社之禮以祭之。如太極為天地所出，是世之宗考姚也，古先聖帝王臣祀典宜首及焉；而今不然，此知必太極之解非也。先生辯之最詳，于古聖賢無二意矣。

100

西士曰：造物之功盛也，其中固有樞紐矣；然此為天主所立者。夫太極之理，本有精論，吾雖曾閱之，不敢雜陳其辯，或容以他書傳其要也。

38 Unfortunately it seems Ricci never wrote such a book. If he had had occasion to re-examine these themes, perhaps he would have had a more positive understanding of them.

39 Ricci's Chinese scholar gives up too easily. In reality, both in Ricci's time and since, up to the present day, other Chinese scholars have defended their positions more vigorously.

40 For information on popular Taoist deities and other aspects of Chinese religious life the reader should consult such works as the following: J.J.M. De Groot, *The Religion of the Chinese* (New York, 1910); Henri Doré, *Researches into Chinese Superstitions* (Shanghai, 1914-1938); Lewis Hodous, *Folkways in China* (London, 1929); C.K. Yang, *Religion in Chinese Society* (Berkeley, 1961); Michael Saso, *Taoism and the Rite of Cosmic Renewal* (Pullman, 1972) and *The Teachings of Taoist Master Chuang* (New Haven, 1978).

"吾天主, 乃古經書所稱上帝也." 중국 선비(中士)와 서양 선비(西士) 사이의 대화체로 이루어진 『천주실의』 제2편에 등장하는 명제로서 이 책의 절정을 이루는 대목이다. 서양의 최고신인 천주가 동양의 고대 경전에서 일컫는 하느님 상제와 다르지 않다는, 비교종교론적 명제이다.

3. "천주는 상제다"

상제를 고증함

리치는 기독교가 중국인의 마음과 결합할 수 있는 최선의 방법을 선진先秦 시대의 고대 중국 종교 사상으로 거슬러 올라가는 길에서 찾았다. 그러나 그는 주희를 중심으로 선진유가 사상에 대한 주석에 의하여 성립된 신유학新儒學이 고대 중국인들이 가졌던 하느님에 대한 소박한 정열과 경건한 신앙을 잃어버리도록 했다고 진단한다. 인격신의 성격을 배제한, 혹은 현격히 약화시킨 신유학은 심지어 무신론적인 색채를 띠기까지 한다는 것이다. 그 밖에도, 신유학은 실체와 속성을 구별하지 못함으로써 속성에 지나지 않는 리를 실체화하는 오류를 범한다고 본다. 말하자면 신유학은 종교적으로 보나, 철학적으로 보나 많은 문제점이 있다는 것이다. 물론 신유학을 과연 무신론으로까지 몰아부칠 수 있는지에 관해서는 의견이 분분하다. 그러나 리치의 진단은 좀 과격한 면이 있는지는 모르나 거시적 시각에서 신유학의 한계점을 잘 지적하고 있는 것으로 보인다. 원래 유학은 강한 종교적인 색채를 띠고 있었으나 신유학에 이르러 이 색채가 매우 엷어진 것은 사실이기 때문이다. 리치는 이렇게 인격신의 요소를 상실한 중국인들에게 고대의 소박한 사상을 돌려주어 그들이 참된 신앙심을 되찾기를 염원한다.

리치는 사서삼경을 두루 공부하고 그것을 라틴어로 번역하는 등 중국 문화의 정수를 찾아내고자 심혈을 기울인 끝에 '상제'라는 고대 동양의 보편신에까지 거슬러 올라갔다. 그리하여 상제의 속성을 점점 깊이 천착하고 또 거기에 빠져들면서 자신이 모셔 온 서양의 천주는 동양의 상제와 다르지 않다는 깊은 확신과 깨달음에 도달했다. 이러한 리치의 태도를 라이프니츠는 보유론補儒論 혹은 적응주의라 불렀다. 말하자면 중국인들이 원래 자신들이 가지고 있던 순박한 신앙을 잃어버렸으며, 리치는 이것을 회복하여 유교 본래의 본모습을 찾아야 한다고 주장했다는 것이다. 여기서 보유론이란 단지 적응하는 데서 끝나는 것이 아니라 유학을 더욱 바람직한 방향으로 발전시킨다는 뜻이다. 이렇게 하여 회복된 원시 유가의 정신은 결과적으로 기독교의 천주 신앙과도 배치되지 않는다는 것이다. 이로써 리치는 인격신을 송두리째 부정하는 불도佛道를 배척하고, 인격신의 개념을 흐려 놓은 신유학의 비논리성을 철저히 논박하여 원시의 유가로 되돌아가야 한다는 놀랍고도 과감한 주장을 하기에 이르렀다. 원시 유가에서 존숭해 온 상제야말로 곧 기독교의 천주와 동일한 분이라는 결론을 논리적으로 정당화한 것이다.

중국에서는 예로부터 천지의 존귀함을 알아서 마치 부모와 같이 존경했고, 그래서 천지에 제사를 드렸다고 한다. 이것은 물리적인 하늘과 땅이 아니라 그 가운데 있는 인격적인 존재, 즉 상제를 염두에 둔 제례인 것이다. 그러기에 『중용』에서는 "교사의 예는 상제를 섬기는 것이다."라고 했다. 리치는 이 단계에서 비로소 『천주실의』의 핵심 명제인 "우리 나라(서양)의 천주는 곧 옛 경전에서 말하는 상제다."(吾天主, 乃古經書所稱上帝也.)라고 선언한다.(『천주실의』 II-14) 다시 말하면 지금까지 리치가 증명한 천주는 서양적 논리에 의해서만이 아니라 중국의 옛 경전을 통해서도 훌륭히 입증되는 객관적인 존재라는 것이다. 단지 중국인들이 자신들의 과거를 망각한 나머지 상제의 존재를 제대로 인식하지 못할 뿐이라는 것이다. 그야말로 중국인들에게 던지는 "어찌 너희 고전에 나오는 상제를 알지 못하느냐?"는 준엄한 질책이기도 하다. 그는 이에 대한 풍부한 고증을 다음과 같이 제시한다.

첫째, 공자는 『중용』에서 "하늘과 땅에 제사하는 예는 상제를 섬기는 것이다."[28]라고 했고,

---

[28] 『中庸』, 제19장. "郊社之禮, 所以事上帝也."

둘째, 『시경』「주송周頌」에서 "쉬지 않고 노력하는 무왕이여 쉬지 않고 애쓰셔서 그 공로는 비할 데 없이 크도다. 성왕과 강왕의 덕행이 어찌 빛나지 않으리오. 상제가 어여삐 여기셨네."[29]라고 했으며,

셋째, 또 말하기를 "오, 밀과 보리여 잘도 자랐구나. 장차 잘 익어 풍년이 들리니 상제의 은덕이 밝게 빛나도다."[30]라고 했다.

넷째, 『시경』「상송商頌」에서 "상탕의 성덕과 경건함은 더욱 증가하여 하늘에 다다른지 오래어도 그치지 않으니 일심으로 상제를 공경하네."[31],

다섯째, 『시경』「대아大雅」에서 "아, 문왕께서는 오직 마음을 조심하고 행동을 삼가며, 밝은 덕으로 상제를 섬기셨네."[32],

여섯째, 『주역』「설괘전」에서 "제는 진에서 나왔다."[33],

일곱째, 『예기禮記』에서 "다섯 가지 조건을 잘 갖추면 상제께서 그 제사를 흠향하신다."[34],

여덟째, 또 말하기를 "천자께서 친히 농사를 지어 자성과 거창

---

29 『詩經』, 「執競」. "執競武王, 無競維烈, 不顯成康, 上帝是皇."
30 위의 책, 「臣工」. "於皇來牟, 將受厥明, 明昭上帝."
31 위의 책, 「長發」. "聖敬日躋, 昭假遲遲, 上帝是祗."
32 위의 책, 「大明」. "維此文王, 小心翼翼, 昭事上帝."
33 『周易』, 「說卦」. "帝出乎震."
34 『禮記』, 「月令」. "五者備當, 上帝其饗."

으로 상제를 섬긴다."[35],

아홉째, 『서경』「탕서湯誓」에서 "하나라 걸왕이 죄를 지음에 나는 상제가 두려워 감히 그의 죄를 바로잡지 않을 수 없었도다."[36],

열째, 또「탕고湯誥」에서 "위대한 상제께서는 이 땅의 백성들에게 올바른 마음을 내려 주셨고 언제나 변치 않을 사람의 본성을 따르게 하였다."[37],

열한째,「금등金騰」에서 "마침내 상제의 조정에서 명을 받아 천하의 백성을 다스리고 보았다."[38] 등등이다.

리치는 이러한 자료들을 토대로 "상제와 천주는 단지 이름만 다를 뿐"(『천주실의』 II-14)이라고 결론짓는다. 비록 이름은 다르지만 기독교의 천주(하느님)와 한자문화권에서 말하는 상제는 서로 같다는 것이다. 이런 관점에서 리치의 지인인 이지조李之藻 (1565~1630)는 "동양과 서양은 마음도 같고 이치도 같은 것이다. 다른 것은 다만 언어와 문자 뿐이다."(東海西海, 心同理同, 所不同者, 特言語文字之際.『천주실의』 서문)라고 하여 리치의 주장에 힘을 실어주었다.

---

35 위의 책,「表記」. "天子親耕, 粢盛秬鬯, 以事上帝."

36 『書經』,「湯誓」. "夏氏有罪, 予畏上帝, 不敢不正."

37 위의 책,「湯誥」. "惟皇上帝, 降衷于下民, 若有恒性, 克綏厥猷, 惟后."

38 위의 책,「金騰」. "乃命于帝庭, 敷佑四方."

이 결론은 매우 간단해 보이지만 동서양의 문화를 관통하는 차원에서 역사상 처음으로 선언된 기념비적인 것이다. 지금까지는 각기 자신들의 신이 최고신이라는 헛된 자부심에서 실은 각기 지방신을 내세운 것에 지나지 않았다. 그런데 리치의 명제는 그 신들이 실은 서로 다르지 않으며 따라서 최고신은 동서양을 망라하여 한 분이라는 파격적인 내용을 담고 있다. 말하자면 동서양을 관통하는 보편 의식이 종교적 차원에서 처음으로 각성된 것이다.

그런데 리치가 "천주는 곧 상제다"는,『천주실의』의 근본 명제를 입증하기 위해서 사용한 것은 고증考證학적 방법이다. 이 방법은 중국 청조淸朝의 학풍을 대표하는 사조이다. 텍스트 자구의 주석을 중시하는 한당漢唐의 훈고訓詁학적 학풍의 정신을 이어받은 이 방법은 논자의 주관적인 생각을 되도록 배제하고 옛 텍스트에 들어 있는 객관적인 사실의 실증과 논증을 통해서 자신의 주장을 뒷받침하려는 실증 정신이 밑바탕에 깔려 있다. 말하자면 텍스트의 내용을 제대로 이해하기 위해서 되도록 텍스트를 벗어나지 않으려는 경향을 가지고 있으며, 이것은 서양의 성경 해석학 전통에 비견될 수 있다. 여기서도 성경의 자구 해석을 오로지 성경 자체의 내용에 의존하려는 경향이 있기 때문이다. 이것은 성경을 해석하면서 단지 자신의 주관적인 견해를 텍스트의 객관적인 내용인 듯이 단정하거나 혹은 텍스트에 대한 주석서(이차 문헌)

의 권위에 의지하여 자신의 논변을 합리화함으로써 텍스트의 내용이 혼란스러워지는 상황을 막기 위한 것이다.

리치가 살았던 시기는 서양의 인문주의(르네상스)가 꽃피던 때였다. 당시에는 되도록 주석서를 배제하고 고전으로 돌아가 텍스트에 충실한 해석을 하려는 복고적 학풍이 유행했다. 신교新敎에서는 교회나 교황의 권위를 벗어나 성서 자체에 충실하려는 운동이 일어났으며, 그 여파는 리치가 다녔던 로마대학에까지도 미쳤다. 비록 신교에서 비롯된 학풍이었지만 학문적 타당성은 나무랄 데가 없었기 때문에 가톨릭 전통의 이 학교에서도 그러한 경향을 따랐던 것이다. 그러한 지적 훈련이 몸에 밴 리치는 중국에 와서 중국인 스승을 통해서 사서오경을 직접 읽고 그것을 라틴어로 번역했으며, 주석서를 양산하던 후대 유학자들, 특히 신유학의 주석을 신뢰하지 않고 그것을 뛰어넘어 직접 원전에 입각해 객관적 사실을 스스로 판단했던 것이다.[39] 따라서 "천주는 곧 상제다"는 자신의 주장을 객관적으로 뒷받침하기 위해서 이차문헌의 권위를 벗어나 되도록 옛 문서를 전거로 삼은 것이다. 이 전략은 후대 주석가들의 견해보다는 옛 문서를 작성한 사람들에 대한 근본적인 신뢰가 밑바탕에 깔려 있으며, 또한 현재의 가치보다는 과거의 가치를 높이 평가하려는 복고적 의도도 숨어있다고 할 수 있다. 이것은 서양의 르네상스의 근본 정신과도 상통하는 측면이다. 왜

---

[39] 히라카와 스케히로 지음, 노영희 옮김, 앞의 책, 449쪽.

냐하면 르네상스는 세계관의 지평을 당대의 시대정신이라는 좁은 테두리를 벗어나 보다 넓은 보편정신으로 확장하고자 하는 정신이기 때문이다.

이러한 절차를 거쳐서 리치는 상제가 인간과 같은 지성과 감정을 가지며 선악에 대하여 상벌을 내리는 인격신이라고 결론지었다. 이렇듯 서교의 진리 내용은 상제 사상을 통해서 이미 동양의 고대에 잘 알려져 있었고, 또한 강력하게 신앙되고 있었다는 것이 리치의 주장이다.(『천주실의』 II·15) 동서양의 신앙 대상이 되는 신의 성격은 크게 다르지 않았는 것이다. 다만 그 표현 방식과 다소 간 개념상의 이질성이 있을 뿐이라는 것이다.

앞서 천주의 존재 증명이 형식논리와 아리스토텔레스·아퀴나스의 형이상학에 의거하여 수행된 데 반해서 상제의 존재 증명은 주로 학파나 해석자의 주관적이고 자의적인 의도를 되도록 벗어나 원래의 텍스트를 신뢰하는 고증학적 전통에 입각하고 있다. 물론 이러한 고증학적 전통도 서양 르네상스의 인문주의적 전통과 궤를 같이하고 있다. 결국 리치의 신 존재 증명은 논리적이고 합리적인 전통 철학과 방법에 의존하고 있다. 물론 상제의 존재에 대해서는 그 내용이 아니라 상제라는 개념이 등장하는 문서에 대한 입증인 셈이다.

그런데 여기서 분명히 짚고 넘어갈 문제가 하나 있다. 앞에서 논자는 리치가 마음 속으로는 상제가 천주와 대등한 존재임을 믿지 않으면서도 서교를 효율적으로 전파하려는 전략 하에 천주-상제의 명제를 조작한 것이라 주장하는 사람들이 적지 않다고 말했다. 그런데 리치의 종교적 적응religional acommodation은 리치 당시의 주도 세력이었던 신유학을 향한 선전포고와 다름없다는 점을 상기할 필요가 있다. 만일 리치가 당시의 주도 세력과 제휴하여 서학을 손쉽게 전파하고자 했다면 신유학을 옹호할 수도 있었을 것이다. 그러나 리치는 그러한 손쉬운 길을 선택하지 않았다. 신을 모시는 신부로서 마음 속에 칼을 품고, 없는 상제도 날조해 내는 마당에 당시의 중국 사회의 주도 세력을 위무하기 위해서 그 학설에 우호적인 논의를 전개할 수 없다고 보는 것은 앞뒤가 맞지 않는다. 따라서 천주-상제 명제를 단순한 포교 전략으로 꾺아내리는 주장은 너무나 피상적이며, 따라서 설득력이 떨어진다고 할 수 있다.

이처럼 새로운 경향을 띤 리치의 파격적인 사상은 동북아에 강한 반향을 불러 일으켰다. 특히 중국의 문물을 민감하게 받아들였던 은자의 나라 조선에서도 리치의 『천주실의』는 커다란 영향을 끼쳤다. 이 영향이 구체적으로 어떤 것이었는가 하는 것은 대표적으로 천주와 상제, ᄒᆞᄂᆞᆯ님을 모시는 동학을 창도한 수운 최제우를 통해서 들여다보고자 한다. 리치가 상제는 곧 천주라고 선언한 이래 그 영향은 이수광李粹光(1563~1628)을 비롯한 여러 선행자를 거쳐 결국 수운에 이르러 정점에 이르기 때문이다. 비록 은폐된 방식이기는 하지만 동서양의 신관, 천주와 상제의 문제는 수운에 이르러 비로소 확연히 드러난다. 수운이 제기한 천주와 상제의 문제는 리치에 있어서와 같이 세계사적 의의를 가지는 두드러진 봉우리로서 우뚝 서있다. 그의 신관은 리치와 어떤 관련이 있는 것일까?

Chapter2

수운의 천주와 상제

최수운이 태어난 경주시 현곡면 가정리 전경. 오늘날의 가정1리로 현재 그가 태어난 집 터는 없어지고 그 자리에 후인들이 세운 유허비만 서있다. 반대쪽에 마을의 주산인 구미산이 있고, 그 계곡에는 용추라는 폭포가 있으며 주위 숲을 배경으로 수운이 상제님으로부터 도를 받아 동학을 세상에 펼친 진원지 용담정이 있다.

1. 동·서학의 천주 사상

경상도의 경주 지방에서 태어난 수운水雲 최제우崔濟愚(1824~1864)는 동학東學의 도조道祖로서 인류 종교사의 한 획을 그은 범상치 않은 인물이다. 그는 동양 전통의 유불선과 조선의 전통적인 샤머니즘은 물론 당시 중국을 통해 새로 진래된 서교(천주교)마저 비판적으로 아우르며 새로운 지평에서 인류 보편적 신관을 정립한 것으로 평가된다.[40] 그의 신관은 동서양의 신관을 통합하고자 했던 마테오 리치의 문제의식에 연결된다. 그는 그러나 동학이라는 반대의 관점을 취하기 때문에 자연스럽게 리치가 소홀히 한 동양 전통의 신관의 의의를 새롭게 조명한다는 점에서

---

[40] 서교에 대한 수운의 매서운 비판을 보면 겉으로 동학이 서학으로부터 미미한 영향을 받은 것처럼 보이지만, 동학이 서교와 대립하는 가운데 세계 종교의 면모를 갖추게 되었다고 본다면 이러한 외양은 달라진다. "동학의 사상적 배경은 유불선 삼교의 영향으로만 설명할 수 없고, 서학의 영향까지 고려해야 한다. 동학에는 이미 동서양의 사유가 통합적으로 녹아 있어 그 사상적 기초를 형성하고 있었던 것이다." 김용휘, 『우리 학문으로서의 동학』, 서울: 책세상 2007, 57쪽.

리치와는 구별된다.

그는 37세가 되던 경신년(1860) 신비적 종교체험을 겪은 후에 드디어 그렇게도 갈구하던 절대자 상제로부터 무극대도無極大道를 받아 동학을 창도하기에 이른다. 수운은 상제로부터 "내 마음이 곧 네 마음이다.(吾心卽汝心.)"라는 말씀과 함께 궁궁을을弓弓乙乙이라는 영부靈符(신령스러운 부적)와 시천주侍天主주문을 받게 된다. 그는 "내 마음이 곧 네 마음"이라는 상제의 심법을 통해서 우주 절대의 신이 자신의 마음을 통해서 구현될 수 있음을 확신하고 이 확신을 담고 있는 시천주주문을 자신의 신앙의 원처로 삼게 된다. 이것은 종교사에 있어서 일대 사건으로 기록될 수 있는 의미심장한 일이다. 인간이 신과 만나는 체험을 하는 것은 종교사에서 종종 있어 온 일이지만 유독 수운의 경우는 각별한 의의가 있다는 것인데, 그 이유는 무엇일까?

여기서 우리 관심을 끄는 것은 상제가 수운에게 내려준 '시천주' 주문에 숨겨진 상제와 천주의 문제이다. 서교의 신도 천주로 불리는데, 수운의 천주는 과연 그것과 어떤 관계가 있는 것일까?

서학 천주 사상의 전래

수운에 있어서 천주와 상제의 문제를 논하려면 우선 『천주실의』와 수운을 연결시켜 주는, 수운의 선행자들에 대하여 간략하게 알아볼 필요가 있다. 『천주실의』와 수운의 활동 시기 사이에는 약 2세기라는 시간적 간격이 있는데, 이 시기에 리치와 수운을 이어주는 가교 역할을 하는 몇 가지 학문적 사건들이 있었다. 『천주실의』가 수운에게 미친 파장은 아래와 같은 역사적 고찰을 통해서 비로소 어느 정도의 객관성과 역사성을 확보할 수 있을 것이다.

『천주실의』를 조선에 처음 소개한 것은 이수광李粹光(1563~1628)의 『지봉유설芝峰類說』(1614)이다. 이수광은 리치의 책을 소개하면서 "그가 지은 『천주실의』 두 권은 먼저 천주가 천지를 창조하고 이것을 다스리며 잘 보살피는 것을 밝혀 말하였다."[41]고 하여 새로운 우주관과 세계관에 대한 관심을 피력했다. 유몽인柳夢寅(1559~1623)은 『어우야담於于野譚』(1621)에서 리치의 책을 소개하면서 "제목을 천주실의라 했는데, 천주는 상제를 말하며, 실實이란 공空이 아닌 것을 말하였다. 이것은 노자와 부처의 공과 무를 물리친 것"[42](『어우야담』 卷之二, 宗敎篇, 西敎)이라고 소개한다. 이익李瀷(1681~1763)은 직접 『천주실의』의 발문跋文(꼬리말)을 썼다.[43] 그는 서학에 대해서 한편으로는 이단시하면서도 다른 한편으로는 호의를 보이는 등 양면적인 태도를 보인다. 그는 발문에서 서학의 천주와 유가의 상제를 동일시하며, 서학의 발생 과정

---

41 이광래, 앞의 책, 34쪽에서 재인용.

42 이광래, 앞의 책, 같은 곳에서 재인용.

43 이세권, 『동학사상』, 도서출판 늘하늘 2002, 67쪽.

을 중국의 시경, 서경에서와 다르지 않다고 하여 양자의 사상적, 종교적 유사성을 밝히려고 시도할 정도이다.[44] 이처럼 정약용 이전까지는 주로 『천주실의』의 내용을 거의 그대로 소개하면서 개인의 입장에 따른 주관적인 주장을 펴는 수준이다. 마테오 리치가 전한 서교의 천지창조설과 영혼불멸, 천당지옥설을 조리있게 비판하는 신후담愼後聃(1702~61)과 조선인에 의해서 씌여진 한국 최초의 서교서인 『성교요지聖敎要旨』의 저자 광암曠菴 이벽李檗(1754~86)에 대해서는 자세한 소개를 피하고 이렇게 열거하는 데서 그친다. 이벽은 서교와 유교의 윤리를 융합하고자 한 인물로서 다산 정약용의 서교 인식에 결정적 역할을 했다는 점이 두드러진다.

이후 정약용丁若鏞(1762~1836)은 신유박해의 징후가 포착되기 전까지는 스스로 서학에 경도되어 있었음을 공공연히 고백할 정도로 서교에 적극적 자세를 취했다. 그는 1779년 처음으로 서교 사상에 접한 이래 1784년 이벽李檗으로부터 서교를 본격적으로 소개받았고, 그의 지도를 받았다. 그 이후 『천주실의』, 『칠극七克』(예수회 선교사인 페르비스트F. Verbiest 저) 등 서교서들을 얻어 탐독했다. 그러나 그는 신유박해가 있기 이전에 이미 박해의 압력이 점차 거세어지자 1797년과 1799년 회개의 변명과도 같은 자벽문을 상소하여 서교 활동을 전면 중단하고 왕조와 타협하게 된다. 그

---

44 이광래, 앞의 책, 37~40쪽.

러다 마침내 1801년 신유박해가 터지자 이승훈, 정약종, 최필공, 홍교만, 홍낙민, 최창현 등이 처형되고, 이가환과 권철신은 옥사했으며, 정약전은 흑산도로 유배되었다. 다산 역시 전라도 강진으로 유배되어 자신의 호 여유당與猶堂의 뜻과도 같은 척박한 삶을 이어가게 된다. 이때부터 다산은 서교에 대한 자신의 입장을 외부로 표출시키지 않았다. 다만 표면적으로는 육경과 사서라는 경전 주해에 몰두할 뿐이었다. 그렇다고 서교에 대한 지대한 관심이 없어져 버린 것은 아니었다. 서교에 대한 관심은 그의 경전주해 속에 감추어진 독특한 신관에 잘 녹아있다. 그러면 다산이 염두에 둔 신은 어떠한 신이었을까?

『중용』에 대한 다산의 여러 주해서(특히『중용강의보』6권)에 그대로 나타난 반주자학적 해석의 저변에는 이벽의 영향을 받은 서교적 천天 개념이 깔려 있다.[45] 다산은 만물을 두루 다스리는 지고의 존재를 천 혹은 상제라 했다.[46]

그는 『천주실의』에서와 같이 천의 본질적 의미를 자연천("蒼蒼有形之天")과 주재천("靈明主宰之天")에서 찾았으며, 천의 주재자를 상제라 하였다. 주자학적 전통에서는 우주를 주재하는 역할을 하는 리理는 앎의 작용이 없기 때문에 우주를 의지적으로 주재

---

45 이광래, 위의 책, 59쪽 참고.

46 혹은 독특하게 상주("上主"=상제+천주로 여겨짐-필자)라고도 했다. 이 호칭은 상제와 천주를 합해 놓은 형태여서 매우 흥미롭다.

할 수 없다고 보았는데, 다산은 이 전통과 결별한 것이다. 뿐만 아니라 상제는 우주 운행과 자연 현상은 물론 인간도 주재하는 절대적 권능을 가진 존재이다. 물론 정이천과 주자도 '주재'란 말을 사용하기는 했지만 주재의 주체는 인격이 아니라 단지 이법적인 작용("義理")일 뿐이다. 다산이 말하는 주재는 의지를 가진 인격신의 소관사이다. 이러한 신은 초월적이고 절대적이며 유일한 존재이다. 그 특징은 이러하다.

첫째, 다산의 신은 주자학에서 보듯이, 우주의 관념화된 질서인 비인격적 리가 아니라 원시 유학에서처럼 인격신으로서 독립된 지위가 부여된 도덕 행위의 감시자이다.[47] 둘째, 주자학의 주재자는 기계적으로 지배하는 천이지만 다산의 신은 밝은 앎("靈明")을 전제로, 의지적으로 다스리는 영명지천靈明之天이다. 셋째, 다산의 상제천은 중용의 "신독愼獨", 칸트가 말하는 무상명법자無上命法者[48]처럼 도덕적으로 요청된 존재의 성격을 가진다.[49] 넷째, 따라서 다산의 신은 서학의 신과 유사한 것 같으면서도 그와

---

[47] 금장태, 『다산 정약용』, 116쪽.

[48] "무상명법자", "정언명령"은 칸트 도덕철학의 용어이다. 칸트는 도덕률이 존재함은 엄연한 사실이며, 도덕률은 "무조건적으로 ~해야 한다"고 명령하며, 이런 종류의 명령을 정언명령이라 한다. 물론 칸트는 여기서 이 명령자를 설정하지 않고 이성이 스스로 이 명령을 내리는 주체로서 무상명법자라고 하지만, 다산의 경우는 여기에 상제천을 설정한다. Kant, I., *Kritik der praktischen Vernunft*(1781) 참고.

[49] 이광래, 앞의 책, 63쪽.

완전 일치하지도 않는다. 무엇보다도 다산의 신은 기독교적 창조신이나 사후 영혼의 심판자가 아니다. 따라서 기독교에서처럼 신의 존재 증명과 같은 논리적 절차를 필요로 하지도 않았다. 리치의 신이 보유론적, 적응주의적 관점에서 형성된 반면, 다산의 신은 서교적 신의 권위와 유교의 도덕적 품격을 동시에 갖추고 있다.[50]

그럼에도 불구하고 다산이 전통적인 주자학에 반기를 들고 정립한 신은 『천주실의』의 신관과 중점 및 뉘앙스에 있어서 차이가 있지만 거시적으로 보면 유사한 면도 많다.(창조신 개념은 제외) 근본적으로 유학자인 그가 경학적 전통에서 재발견하고 새로운 개념 규정을 한 자연천과 상제천, 천과 천주, 상제의 개념 형성 과정은 결국 그 성격적인 면에서 볼 때 『천주실의』에서 리치가 간 길을 크게 벗어나지 않는다. 그의 신은 동양 전통의 자연천, 주자학이 내세운 이기설理氣說적인 의리천義理天의 측면을 거부한다. 한마디로 리치의 신 관념이 보다 중요한 역할을 하는 반면 주자학적 뉘앙스는 그렇게 큰 역할을 하지 않는다. 자연천과 주재천의 균형이 주재천으로 기울어지고 있는 것이다.

이러한 문제 의식의 연장선상에서 주재천과 짝을 이루는 자연천(“지기至氣”)의 측면을 새롭게 발전시킨 인물이 바로 수운 최제

---

50 다산은 『천주실의』를 통해 인격적 상제 개념을 수용했으나, 서교의 신 개념이 현세보다는 피안의 세계에 관심을 두는 데 반해서 다산은 어디까지나 상제가 현세의 도덕적 실천에 관심을 두고 있다고 본다. 장승구, 「동서사상의 만남과 정약용의 인간관」, 『다산학(8호)』, 403~404쪽 참고.

우이다. 한마디로 수운의 신관에 대한 바른 이해는 주재천과 자연천, 즉 천주와 지기의 조화 내지 균형 문제를 어떻게 설정할 것인가 하는 데 달려 있다고 할 수 있다. 우선 수운이 사용한 신의 호칭에서부터 접근해 보자.

수운의 신호칭

수운은 신을 '천주', '천', 'ᄒᆞᄂᆞᆯ님', '상제', '화공化工', '조물자' 등으로 불렀다. 그 가운데 대표적인 것은 '천주'와 'ᄒᆞᄂᆞᆯ님', '상제'이다.

먼저, '상제'는 수운이 가장 먼저 사용했을 것으로 추정되며[51] 『동경대전』에 2회, 『용담유사』에 3회 총 5회 나타난다. 물론 이 호칭이 그 사용 횟수로 볼 때 '천주'와 'ᄒᆞᄂᆞᆯ님'에는 훨씬 못 미치지만 그렇다고 그 중요성이 덜한 것은 아니다. 더구나 '세상 사람들이 부르는 이름'(「포덕문」(1861))으로서 '제'나 '상제'는 원시 유학에서 가장 즐겨 사용하던 호칭이라는 점에서 역사적 보편성이 있다. 이 호칭은 인간과 만물을 주재하는 통치신이라는 강한 이미지를 가지고 있다.[52] 더욱이 수운이 처음으로 겪은 '천상문답사건'(1860.4.5.)이라는 특수한 종교 체험에서 만난 신이기도 하

---

[51] 가장 먼저 저술된 것은 「용담가」(1860. 여름)인 것으로 알려져 있으나 수운이 상제와 천상문답을 가진 것은 이에 앞서기(1860. 4. 5) 때문이다.

[52] "인자한 분이 아니다. … 엄한 지배자의 관념을 강하게 풍기고 있다." 표영삼, 『동학(1). 수운의 삶과 생각』, 110쪽.

다. "뜻밖에 사월에 마음이 섬뜩해지고 몸이 떨려서 무슨 병인지 알 수 없고 말로 형언하기도 어려울 즈음에 어떤 신비한 목소리가 문득 귀에 들리므로 놀라 캐어물은 즉 대답하기를 '두려워하지 말고 두려워하지 말라. 세상 사람들이 나를 상제라 이르거늘 너는 어찌 상제를 알지 못하느냐?'"(「포덕문」) 이렇듯 '상제'는 수운에게 각별한 의미를 가지고 있으며, 결코 가벼이 할 수 없는 절대적 비중을 가지고 있는 호칭이다.

둘째, 'ᄒᆞᄂᆞᆯ님'은 『용담유사』에만 모두 34회 나온다. 빈도수로만 보면 가장 대표적인 호칭이다. 더구나 'ᄒᆞᄂᆞᆯ님'은 순우리말이라는 점에서 연구자들 사이에서는 대체로 우리 민족이 전통적으로 불러 온 대표적인 신의 호칭으로 여겨지고 있다. 순우리말인 관계로 『동경대전』에는 보이지 않는다. 그러므로 『동경대전』에만 나오는 '천주'는 'ᄒᆞᄂᆞᆯ님'의 번역어라는 통설이 일차적인 설득력을 얻고 있다. ᄒᆞᄂᆞᆯ님=ᄒᆞᄂᆞᆯ(天)+님(主)이라는 주장이

용담정에 세워진 최수운 대신사의 동상.

다. 다시 말해서 'ᄒᆞᄂᆞᆯ님'은 원어이고 '천주'는 그 번역어라는 것이다. 따라서 수운의 천주는 서교의 천주와는 전혀 다른 개념이라는 단순한 주장이 제기된다.[53] 과연 그러한가? 수운은 「논학문」(1962)에서 '시천주'를 "主者, 稱其尊而與父母同事者也."라 자해字解한다. 『천도교경전』(34쪽)은 이것을 "'주'라는 것은 존칭해서 부모와 더불어 같이 섬기는 것이요."라고 번역하여, 마치 '주'가 단순히 존칭을 뜻하는 것으로만 해석한다. 그러나 이 문장은 "'주'라는 것은 그 (분)의 존귀함을 일컬으며, 부모처럼 섬기는 것이다."로 이해하는 것이 훨씬 바람직할 것으로 보인다.[54] 이렇게 해석하면 천주는 '하늘의 주인' 혹은 '하늘에서 만물을 통치하는 부모와 같은 분'이라는 뜻으로서 서교의 천주와 다르지 않은 의미를 가지게 된다.

셋째, '천주'는 『동경대전』에만 14회 쓰였지만 결정적인 중요성을 가진다. 위에서 잠깐 언급했듯이, 천주는 ᄒᆞᄂᆞᆯ님의 한문 번역이라는 통설이 있다. 『용담유사』에는 '천주'가 한 번도 나타나지 않는다는 단순한 이유 때문이다. 그러나 이러한 해명만으로는

---

[53] 표영삼, 위의 책, 112쪽. "이 천주라는 호칭에 대해 조선왕조는 물론 일부 학계에서도 천주교의 천주를 받아들인 것으로 오해하고 있다."

[54] 백보 양보하여 '주'를 단순한 존칭으로 해석한다 하더라도 그 대상의 인격성을 배제하지 않는다. 즉 수운의 천주가 단순히 'ᄒᆞᄂᆞᆯ님'의 한문 번역어라 하더라도 천주가 가지는 인격성의 요소를 배제할 필요는 없다는 것이다. 따라서 수운의 천주가 서교의 천주와 가지는 어원적 상이성을 인정한다고 하더라도 그 내용적 유사성은 얼마든지 가능하다는 결론이 나온다.

불충분한 면이 있다. 동학 정신의 핵심인 시천주주문에서 '천주'라는 용어는 과연 어디로부터 기원하는 것일까? 이것도 단순히 'ᄒᆞ늘님'을 번역한 것에 지나지 않는다고 자신있게 주장할 수 있을 것인가? 그것은 확실치 않다. 시천주주문은 수운이 하느님에게서 직접 받아서 지은 것이다. 따라서 여기에 나타난 천주는 수운이 단순히 'ᄒᆞ늘님'을 번역한 것인지, 아니면 천상문답에서 수운과의 대화 상대자인 상제가 스스로를 지칭한 것인지가 분명치 않다. 만일 천주가 ᄒᆞ늘님의 번역어라면 원본이 되는 주문은 왜 없는 것일까? 예컨대 'ᄒᆞ늘님을 모시는 주문' 같은 것 말이다. 정말 알 수 없는 일이다. 또한 대단히 흥미로운 것은 그것이 왜 상제가 아니라 하필 천주냐 하는 점이다. 이 문제에서는 천주가 ᄒᆞ늘님의 번역이냐 아니냐의 문제는 일단은 그리 중요하지 않다. 설령 천주가 ᄒᆞ늘님의 번역어라 하더라도 분명 대화 상대자가 스스로를 상제라 했는데 어떤 이유로 수운은 그것을 천주로 표기했느냐는 것이다.[55] 수운의 천주를 단순히 ᄒᆞ늘님의 번역어로만 보기 힘든 이유가 바로 여기에 있다. 바로 여기서 수운의 천주는 서교의 천주와 모종의 유사성을 갖지 않느냐 하는 문제가 제기되는 것이다. 도대체 수운과 서교는 어떤 관계에 있는 것일까?

---

[55] 얼핏 보기에 천주로써 성리학의 천과 차별화하고, ᄒᆞ늘님으로써 서학의 천주와 차별화하려는 것이 수운의 의도라고 볼 수도 있다.(이찬구, 『천부경과 동학』, 2007, 336쪽) 그러나 여기서는 상제의 문제가 제기되지 않았다.

동·서학의 천주

조선의 조정은 1863년 천주를 모시는 서교를 전파하여 "좌도혹민左道惑民"(고종 1년, 1864년)한다는 죄목으로 수운을 체포하여 1864년 참형에 처한다. 당시의 『승정원일기』(고종 원년 초2일)에는 "동학은 서양의 요사한 가르침을 그대로 옮겨 이름만 바꾼데 지나지 않는다."고 묘사하고 있다.[56] 동학의 천주가 실은 서학의 천주와 다르지 않다는 그들의 주장은 이러한 배경에서 나온 것이다. 그러나 동학 신도들은 교조신원운동을 벌였다. 동학과 서학은 전혀 다르며 그 신인 천주는 엄연히 다르다는 것이다. 그렇다면 진정 수운의 천주는 서학의 천주와 아무런 관련이 없는 것일까?

최수운의 묘. 현재 경주시 현곡면 가정리 용담정이 있는 구미산 자락에 있다.

우선 수운이 서학과 대결하는 가운데 창도한 동학은 어떠한 정체성을 가졌는지 살펴볼 필요가 있다. 흔히 동학은 유불선 삼교합일의 종교라고 한다. 그렇다면 동학은 유불선을 떠나서 성립할 수 없는 것일까? 진정 그 독자성은 없는 것일까? "지금도 듣지 못하

56 표영삼, 『동학1. 수운의 삶과 생각』, 통나무, 2004, 319쪽에서 재인용.

고 옛적에도 듣지 못하던 일이요, 지금에도 견줄 만한 것이 없고, 옛것에서도 견줄 만한 것이 없는 법이다.”(今不聞古不聞之事, 今不比古不比之法也. 「논학문」)는 수운의 단언 속에는 동학의 고유성과 독자성에 대한 확연한 자신감이 넘친다. 이점에서 동학은 단순한 유불선의 혼합이 아니라 “유불선의 본원”이라고 할 수 있다.[57] 그러나 동학은 이로써 다하여지는 것이 아니라 서학과의 관계 역시도 고려해야 한다. 서학을 배척하고 비판하는 가운데 은연중 서학의 영향이 있었음을 부정할 수 없다. 또한 서학의 신앙 방법은 부정할지언정 그 신앙 대상은 인정하지 않을 수 없었으며, 서학에 대한 반감은 수운의 심리적 그림자로서 그의 천주 의식에 깊게 드리워져 있는 것이다.[58]

구체적으로 수운은 서학과 그 신을 어떻게 받아들였을까? 수운은 은적암으로 피신하기 전에 쓴 「포덕문」에서 서양인의 침략적 행태에 대하여 “그럴 수 있을까, 어찌 그럴 수 있을까?”(「포덕문」)[59] 하며 천주를 모시는 서학에 실망감을 나타낸다. 그러나 「논학문」에서는 서학에 대하여 “이 사람들은 도를 서도라 하고 학을 천주학이라 하며 교를 성교라 하니, 이것이 천시를 알고 천명을 받은 것이 아니겠는가.”(「논학문」)[60]라 하였다. 하늘이 내려 준 때를

---

57 김용휘, 『우리 학문으로서의 동학』, 45쪽.

58 위의 책, 57쪽 참고.

59 “有其然豈其然…”

60 “斯人, 道稱西道, 學稱天主, 教則聖教. 此非知天時而受天命也.”

알고 그 운명을 받은 서학이 천주의 도를 받드는 정통이라 생각한 것이다. 이처럼 수운에게는 서학에 대한 호의적 감정과 동시에 짙은 반감 및 비판 의식이 뒤섞여 있다. 그러나 서학의 신앙 양식에 관한 한 비판이 기조를 이룬다.

그러면 수운은 구체적으로 서학을 어떻게 비판했는가? 그는 "천주를 위하지 않고 자신의 몸만을 위해 빌며, 몸에는 기화지신氣化之神이 없고 학에는 천주의 가르침이 없다."(「논학문」)[61]고 했다. 또한 서학에는 주문이 없고(「논학문」) 조상신을 부정하여 제사를 지내지 않는 불효를 저지른다고 비난했다.(「권학가」) 그런가 하면 "천주의 뜻이라 하여 부귀는 취하지 않는다 하면서 천하를 쳐서 빼앗아 그 교당을 세우고 그 도를 행한다."(「포덕문」)[62]고 분노했다.

서학에 대한 수운의 비판은 결국 크게 두 가지로 압축된다. 첫째는 서학의 폭력성에 대한 질타, 그리고 둘째는 서학의 신앙 양식에 대한 비판이다. 신관 문제에서는 이 가운데 둘째가 보다 중요하다. 천주를 위하지 않고 오직 자신의 몸을 위해 빌고, 천주의 가르침이 없으며, 주문이 없고(「논학문」) 조상신을 부정하여 제사를 지내지 않아 오륜을 어긴다(「권학가」)는 것 등이 주요 내용이다. 서학과 그 신앙 행태에 대한 수운의 이러한 지적은 결국 몸에 기화지신氣化之神이 없다는 비판으로 더 압축될 수 있다. 기화지신

---

[61] "無爲天主之端, 只祝自爲身之謀. 身無氣化之神, 學無天主之敎."
[62] "以爲天主之意, 不取富貴, 攻取天下, 立其堂, 行其道."

이란 수운이 상제를 접할 때 몸에 일어난 떨림이나 한기寒氣의 현상을 말한다. 이것은 영적이면서 동시에 육체적으로 일어나는 구체적 현상이다. 이는 동학과 서학의 신앙 양식에 있어서 결정적인 차이점이다. 수운은 서학하는 사람들이 천주를 저 멀리 하늘에 계신다고 믿고 공경할 뿐이니, 자기의 몸으로 직접 천주의 영과 접하지 못함으로써 관념적이고 공허한 차원에 머물러 결국 진정으로 천주를 위하지 못한다고 지적한다. 한마디로 서학에는 지기至氣에 대한 체험이 결여되어 있다는 것이다. 달리 표현하면, 서학에는 비인격성의 요소가 결여되어 있다는 것이다.[63] 인간은 직접적으로 신과 만나는 것이 아니라 지기를 통해서 비로소 신과 맞닥뜨릴 수 있는데, 그것이 없기 때문에 각자 제멋대로 신에게 자신의 뜻을 비는 "각자의 이기적인 마음"(「포덕문」, 「몽중노소문답가」, 「권학가」)[64]의 행태를 보인다는 것이다. 과연 서교에 이런 요소가 전혀 없다고 할 수 있는지는 더 따져봐야 하겠지만 이는 어디까지나 당시의 수운의 눈에 비친 서교에 대한 비판점이다.[65]

서학의 신앙 행태 및 신 개념에 대한 수운의 이러한 비판은 그

---

[63] 김상일, 『수운과 화이트헤드』, 250쪽 이하 참고.

[64] "各者爲心"

[65] 논자가 보기에는 수운의 지기는 곧 기독교의 성령holy spirits에 해당하는데, 기독교에서는 성령에 대한 체험을 매우 중시하기 때문이다. 수운은 직간접으로 마테오 리치의 『천주실의』를 접했을 것인데, 여기에는 성령에 대한 문제가 없다. 혹 이런 이유로 수운이 서학에 지기에 대한 체험이 결여되어 있다는 결론을 내린 것은 아닌지 모르겠다.

의 천주 개념 형성에 그대로 반영된다. 즉 그의 천주 개념에는 서학의 천주 개념에 대한 비판적 뉘앙스가 녹아 있다. 물론 수운의 천주와 서학의 천주의 연관성 자체를 아예 부정해 버리는 사람들도 있다. 과연 그러한 견해는 정당한 것일까? 그들은 다음과 같이 주장한다.

첫째, 수운은 서학의 '천주'가 '데우스deus'라는 서양어의 한자 번역어임을 몰랐으며[66], 그의 천주는 서학의 천주와는 전혀 다르다.

둘째, "수운이 창도한 동학의 믿음의 대상은 어디까지나 우리 겨레가 믿어 온 하날님이지 그 어떤 딴나라 종교의 믿음의 대상은 절대로 아니다."[67]

그러나 이러한 주장은 너무나 피상적이고 감정적인 것이며, 따라서 타당성이 거의 없는 단편적인 논거에 의한 것이다. 왜 그런가?

첫째, 천주는 곧 상제와 같다는 『천주실의』의 핵심 명제는 수

---

[66] 이세권, 『동학사상』 참고. 저자는 "수운은 천주라는 말이 서양의 데우스를 표현하기 위해 현지어를 빌어서 천주교가 썼다는 것을 파악하지 못한 듯하다."고 지적한다.(74쪽) 또한 당시 천주교를 유교 입장에서 비판하는 사람들조차 "천주는 곧 상제"라는 『천주실의』의 내용을 쉽사리 받아들였던 것은 이 저작의 수편首篇에 "저 천주란 우리 서양에서 말하는 두사陡斯(데우스의 음사)이다."라는 뜻을 정확하게 이해하지 못한 소치라고 말한다.(68쪽)

[67] 이세권, 위의 책, 72쪽.

운의 경우에도 적용된다. 리치는 상제와 천주가 그 개념상 차이점이 있기는 하지만 결국 동일한 신인데, 언어와 문화의 차이로 인하여 마치 다른 신인 양 굳어졌다고 했다. 그런데 수운 역시도 상제와 천주는 개념과 의미상 다를 수는 있지만 그 지시 대상은 동일하다는 분명한 통찰에 도달했다.(「논학문」 "도"와 "학"의 차이) 그러므로 리치와 수운에서 도달하는 결론은 서양의 천주는 곧 동양의 상제와 같은 신앙 대상이라고 할 수 있다는 것이다. 또한 일각에서 주장하듯이, 수운이 『천주실의』의 천주가 서교의 신에 대한 번역어라는 사실을 몰랐다는 주장은 어불성설이다.[68]

둘째, 수운이 과연 'ㅎㄴ님' 혹은 '천주'를 우리 민족만의 신이라 주장했을까? 물론 우리 거레기 우리만의 고유한 'ㅎㄴ님' 관념을 형성해 온 것은 사실이다. 그런데 'ㅎㄴ님'이라는 표현 수단은 분명 우리 거레의 것이지만 그 지칭 대상은 우리만의 것이 아니다. 만일 'ㅎㄴ님'에 대한 '상像'이 아닌 그 상의 원본原本마저 우리만의 것이라고 한다면 오직 자신들의 민족만이 하느님을 소유한다는, 저 유태인들의 국수주의적 선민의식과 다를 바가 없다. 이런 시각은 수운의 천주를 오히려 왜소화하는 결과를 낳게 된다. 리치에 있어서 데우스와 상제가 모두 지방신이 아닌 보편신이었듯이, 수운에 있어서도 ㅎㄴ님과 천주, 그리고 상제는 우리 민

---

68 실제로 이세권은 다른 곳에서 수운이 1860년경에 이미 '천주'라는 용어가 서학의 신임을 알고 있었다고 주장한다. 이세권, 위의 책, 74쪽 참고.

족만의 신이 아닌 세계인의 신이었다. 리치가 데우스를 동양인
들이 전통적으로 받들어 온 '천'에 인격성의 의미인 '주'를 합하
여 '천주'로 번역했듯이, 수운의 '천주'도 우리 민족이 받들어 온
'ᄒᆞ눌'이라는 의미의 '천'에 존귀함을 뜻하는 '주'(인격신에게만 가능
한 개념)가 합쳐진 것으로 볼 수 있다. 그것이 정말 'ᄒᆞ눌님'의 번역
어인지 아닌지는 알 수도 없으려니와 그리 중요한 문제도 아니다.

이렇게 보면 리치와 수운은 천주에 대한 입장에서 근본적으로
다르지 않다. 수운과 리치는 인류 보편의 신을 받들었지 어느 한
민족의 지방신을 모신 것은 결코 아니기 때문이다. 그러기에 리치
는 기독교를 '천주'교라 하여 동양에 인류 보편의 신의 메시지를
전하고자 했고, 수운은 서교의 신앙 방식과 태도는 가차 없이
비판하면서도 그 신앙 대상인 천주 자체는 별 저항 없이 받아들
였다.[69]

수운의 천주가 마테오 리치의 영향을 받았으며, 특히 수운의
을묘천서乙卯天書는 곧 『천주실의』라는 주장도 제기된다.[70] 물
론 이 주장을 뒷받침할 만한 문헌적 근거는 없다. 그러나 여러 정
황상 수운은 어떤 식으로든 『천주실의』를 접했을 것이며, 만일

---

[69] 그가 서교의 신을 어떻게 표현했는지는 정확히 알 수 없으나, 다만 서교의 신
을 인정한 것은 사실이다. 그가 부정한 것은 서교의 신앙 양식이지 그 대상은 아
니다. 아마도 그는 『천주실의』의 신인 '천주', '상제'를 모두 받아들인 것으로 보이
며, 'ᄒᆞ눌님' 역시 그와 동격이다.

[70] 김용옥, 『도올심득 동경대전(1)』, 203~214쪽 참고.

그렇다면 '천주즉상제天主卽上帝'라는 명제에 각별한 관심을 가졌을 법하다.[71] 을묘천서에 관한 기록은 해월을 모시고 다녔던 강수姜洙(?~1894)가 1879년 탈고한 『도원기서道源記書』에 나타난다.[72] 그 내용을 요약하면 결국 "기도의 가르침"(祈禱之敎)이다.[73] 이 내용은 서교 특유의 분의기를 물씬 풍긴다.

을묘천서 사건 이후로 수운이 공부해 온 태도와 방법, 그리고 관심 대상의 성격에는 갑자기 커다란 변화가 나타난다. 무언가 서교의 신과 같은 인격신과 연관되는 책의 내용으로 인한 것으로 보인다. 그래서인지 그는 이전까지 유불도의 전통적 관점에서 성리학적 천天에 접근했으나 이 사건(1855) 이후로는 갑자기 방향을 바꾸어 천을 기도의 대상으로 대했다.[74] 이후 그는 실제로 기도

---

71 "천도교와 기독교의 관계는 이질성보다는 친밀성이 더 많다." 김경재, 「수운의 시천주 체험과 동학의 신관」, 95쪽.

72 이 밖에도 『교회사초고』와 『천도교서』에 "하늘에 49일 동안 기도하라."는 내용이 추가되어 있었다고 한다. 김용휘, 「수운 최제우의 시천주 사상」, 106쪽 각주 6에서 재인용함.

73 『崔先生文集道源記書』 참고. 증산도의 입장에서는 수운이 받은 "을묘천서"를 "천강서"로 해석할 수 있다고 본다. "최수운이 성경신이 지극하기에 내가 천강서天降書를 내려 대도를 열게 하였더니…"(『도전』 4:9:1)

74 수운은 『천주실의』를 읽었으며, 따라서 이 저술은 수운의 천주 개념 형성에 결정적 영향을 미쳤음은 물론, 한 발 더 나아가 수운의 천주와 기독교의 신 자체가 매우 유사하다고 주장하는 학자들이 있다. 김용해는 수운의 천주를 창조주 Creator로 규정하고 이는 그리스도교로부터 영향을 받은 것으로 본다. 김용해, 「그리스도교와 천도교의 신관 비교」, 232쪽 참고; 신일철은 수운의 '천주'는 천주교 전래의 영향으로 추정된다고 말한다. 신일철, 『동학사상의 이해』, 128쪽 참고; 김경재는 기독교 성경의 구절들을 직접 인용하면서 "천도교와 기독교의 관계는

의 대상인 상제(천주)와 직접 대화하는 천상문답 사건(1860)을 체험하게 된다. 이 때의 신은 유불선 전통의 성리학적 신이 아니라 서교의 신의 채취가 강하게 느껴진다.

수운은 확실히 서학의 신앙 태도와 신에 이르는 접근 방식에 매우 비판적이었으나 동시에 서학과 동학의 신앙 대상 내지 최종적 진리가 다르지 않음을 분명히 한다. "운運인 즉 하나요 도道인 즉 같으나 그 이치인 즉 같지 아니하다."(「논학문」)[75] 이 말은 동학과 서학이 근본적으로 동일한 토대, 즉 궁극적 존재인 천주를 신앙함을 말한다.[76] 또한 "도는 비록 천도나 학인 즉 동학이라."(「논학문」)[77]에서 보듯이, 도가 동도와 서도로 나누어지지 않은 하나의 천도이지만 공부하는 방법으로서의 학은 동학과 서학으로 구분된다는 뜻이다. 이러한 놀라운 통찰을 할 즈음에 이르러 수운

이질성보다는 친화성이 더 많다."는 결론에 이른다. 김경재, 「수운의 시천주 체험과 동학의 신관」, 95쪽 참고. 저자는 『신약』 「사도행전」의 "우리는 하나님 안에서 살고 움직이고 존재하고 있습니다."(17:28)와 『신약』 「에베소서」의 "그 분은 만유의 아버지이시며, 만유 위에 계시고, 만유를 통하여 일하시고, 만유 안에 계십니다."(4:6)는 구절을 예로 든다. 그는 기독교를 '절대적 초월신관'으로 자리매김하는 것은 일방적인 강조이며 기독교 성경을 왜곡하는 일이라고 말한다.

75 "運則一也, 道則同也, 理則非也." 최동희도 "당시의 종교적 상황에서 불리어졌던(서학의·논자) '상제' 혹은 '천주'의 호칭은 바로 수운이 강조하고 있는 하느님을 뜻하였음을 알 수 있다."고 결론짓는다. 최동희, 이경원, 『새로 쓰는 동학』, 76쪽.

76 김용해는 수운의 천주와 기독교의 천주가 같음을 이렇게 표현한다. "왜냐하면 두 종교는 하나의 유일한 초월적이면서도 내재적인 신, 천주를 믿고 있기 때문이다." 김용해, 앞의 책, 232쪽.

77 "道雖天道, 學則東學."

은 궁극적 진리가 하나이며, 신에 대해서도 우리 민족의 신이 따로 있고 서학의 신이 따로 있는 것이 아니라 궁극적 존재는 하나라는 결론에 도달한 것으로 보인다.[78] 다시 말해서 수운은 동학의 신에 관한 확고한 신념을 가지면서 그 신이 서학의 신과 다르지 않다는, 동학과 서학의 구분을 넘어선 새로운 경지에서 신이 하나임을 깨달은 것으로 보인다. 이 단계에서 수운은 동서양의 어느 한 신이라는 지방신의 좁은 차원을 벗어나 세계 보편신의 드높은 종교 의식에 도달한 것으로 보인다.

이렇듯 수운의 천주 개념에 서교의 영향이 있었을 것이라는 추론에는 큰 무리가 따르지 않는다.[79] 당시의 시대 상황으로 볼 때 수운은 분명 서학의 존재를 알았음은 물론 그 교리 해설서이자 철학서이기도 한 『천주실의』를 접했을 가능성이 매우 농후하다. 그가 아무 거리낌 없이 "세상 사람이 상제라 부르는" 신을 '천주'라 부르는 것은 우연이라 치부하기에는 너무나 『천주실의』의 영향이 강하게 느껴진다. 더구나 그는 '상제'께 받아 지은 주문에서 '시상제侍上帝' 대신 '시천주'라 표현했다. 그 이유는 무엇일까? 아마도 '천주'가 '상제'보다 더 시의적 보편성[80]을 띤 용어였기 때문이 아니었을까. 분명 '상제'는 고대 동양의 최고신이었지만, 세

---

78 김용휘, 앞의 책, 55~56쪽.

79 김용휘, 위의 책, 53쪽. "수운이 구도 과정에서 이미 서학 관련 책을 접해 상당한 연구를 했기 때문일 것이다."

80 김용옥, 『도올심득 동경대전(1)』.

월이 흐름에 따라 점차 망각되어서 겨우 명맥만 유지되고 있었던 것이다. 그러나 '천주'는 서교의 신이면서 동시에 동양 전통의 최고신인 상제를 뜻함을 200여 년 전에 마테오 리치가 『천주실의』에서 입증한 바 있다. 그 영향은 동북아의 정신계에서 새로운 바람을 일으켰다. 또한 상제는 수운에게 "너는 나의 아들이다. 나를 아버지라 부르도록 해라."고 했다.[81] 서교에서 하나님을 아버지라 부른다는 사실과도 견주어 볼 만한 대목이다. 동학이라는 명칭부터가 서학에 대응하는 차원에서, 상당히 의도적으로 지어진 것이며, 서학의 천주 관념은 수운의 무의식 세계에 이렇게 깊이 투영되어 있다.

도원기서의 汝吾子爲我呼父也부분.
상제님은 수운에게 "너는 나의 아들이니 나를 아버지라 불러라."고 하셨다. 여기서 하느님을 아버지라 여기는 기독교 전통과의 모종의 연관성을 유추해볼 수가 있다.

[81] "汝吾子爲我呼父也." 『道源記書』.

2. 수운이 만난 상제

대표적인 신 호칭, '상제'

수운이 사용한 신 호칭 가운데 '상제'에 대한 구체적 용례는 총 다섯 번이다. 「포덕문」에서는 "세상 사람들이 나를 상제라 이르거늘 너는 상제를 알지 못하느냐"고 하였고, 「도덕가」에서는 "천상에 상제님이 옥경대 계시다고 보는 듯이 말을 하니 음양이치 고사하고 허무지설 아닐런가"라고 하였으며, 「안심가」에서는 "호천금궐 상제님도 불택선악 하신다네, … 호천금궐 상제님을 네가 어찌 알까보냐"고 하였다.

가장 먼저 사용된 호칭으로서의 '상제'에는 세 가지의 주목할 만한 사실이 눈에 띈다. 첫째, 'ᄒᆞᆫ늘님'과 '천주'가 각각 한자의 『동경대전』이나 한글 가사에만 사용된 데 반해서 '상제'는 『동경대전』과 가사에 모두 사용되었다. 둘째, '상제'는 수운이 신비적인 종교체험을 할 때 직접 대화를 나눈 인격신이다. 결코 추상적

이거나 이론적인 신이 아니다. 셋째, '상제'는 'ᄒᆞᄂᆞᆯ님'이나 '천주'에 비해서 가장 광범하고도 오랫동안 사용되어 온 전통적인 신의 호칭이다.

최근 동학 연구자들은 '상제'에 대해서 대체로 부정적인 견해를 피력하고 있음은 주목할 만한 일이다. 상제라는 호칭이 수운 자신의 것이 아니라 '세상 사람들'이 그렇게 부를 뿐이며, 또한 「도덕가」에 나오는 "천상에 상제님이 옥경대 계시다고 보는 듯이 말을 하니 음양이치 고사하고 허무지설 아닐런가"란 구절을 근거로 수운이 스스로 상제를 허무한 존재로서 거부한 것으로 단정한다.[82] 나아가서 혹자는 상제가 도교의 주재신일 뿐이라고 주장한다.[83] 그러나 이러한 견해들은 피상적이고 일면적이다. "천상에 상제님이 옥경대 계시다고 보는 듯이 말한다."는 지적은 '상제' 호칭이나 그 대상에 대한 것이 아니라 신앙의 태도에 대한 비판이다. 그것이 꼭 '상제'에 국한된 것이 아니라는 말이다. 'ᄒᆞᄂᆞᆯ님'이나 '천주' 역시도 마찬가지다. 여기에 재미있는 사실이 있다. "상제님이 천상에 계시다고 말한다."는 비판은 분명 서학적 신앙 태도에 대한 비판인데, 그 대상이 왜 천주가 아니고 상제냐 하는 것이다. 이는 수운이 이미 『천주실의』의 내용을 훤히 알고 있으며, 따라서 상제와 천주가 같다는 그 명제를 인정하고 있음을 분명히

---

82 표영삼, 앞의 책, 110~112쪽.
83 윤석산, 『동학교조 수운 최제우』, 204쪽.

말해 준다. 다음으로 상제는 도교의 주재신만이 아니라 유교와 그 이전의 갑골문에서도 사용된 보편적 용어다.

수운은 『천주실의』로부터 천주는 물론 상제에 관한 문제 의식을 발견했으며, 이는 수운의 동학이 단지 서학에 대립하는 입장이라는 좁은 의미가 아니라 서학과 전통적인 유불도를 아우르는 새로운 패러다임임을 뜻한다는 견해도 있다.[84] 이에 따르면 수운의 상제는 리치가 입증한 상제이며, 나아가서 모든 신 호칭의 종합적 성격을 가지고 있다.

어떻든 '상제'는 명실상부한 최고의 신 호칭이며, 수운이 실제로 대화한 상대자이다. 상제는 그에게 시천주주문을 내려주었다. 그러면 수운의 신 관념을 구체적으로 가늠해 볼 수 있는 이 주문은 어떠한 의미를 가지는가?

수운의 신 관념 : 시천주주문

수운은 상제로부터 '시천주'주문을 받았으나 이 내용을 곧바로 글로 표기한 것이 아니라 약 1년의 세월을 계시받은 주문을 반성해 보고나서 비로소 글을 지었다.

"나는 거의 1년이 되도록 잘 닦으면서 깊이 생각하여 보았다. 역시 거기에 자연스러운 이치가 있었다. 그러므로 한쪽으로는

---

84 김용옥, 앞의 책, 148; 210쪽.

주문을 짓고 한쪽으로는 강령의 법을 짓고 한쪽으로는 길이 잊지 않기로 맹세하는 글을 지었다. 도를 닦는 순서와 방법은 주문 스물 한 자에 달려 있을 뿐이다."(「논학문」)[85]

수운이 상제로부터 주문을 받았다고 했는데, 여기서 주문呪文이란 무엇인가? '주呪'자는 원래 후한 이래 '축祝'자와 같이 신에게 정성을 드린다는 뜻으로 쓰여 왔다.[86] 청말의 왕국유王國維(1877~1927)라는 사람은 '주'와 '축' 이외에도 '도禱'를 연결시켰다. 그는 '도'와 '축'은 모두 같은 소리의 글자로서 "사람이 꿇어 앉아 신에게 정성을 다하는 모습을 나타냈다."고 했다. 이렇게 보면 주문이란 아마도 축문과 비슷한 의미로 쓰지 않았나 싶다. 오늘날 일반적으로 주문spell은 주술magic을 뜻하기 때문에 주술자의 목적을 이루기 위해서 외우는 글이다. 병도 낫게 하고 소원도 이루기 위한 것이다. 혹은 부정적인 문맥에서 상대방을 저주하는 의미로도 쓰였다. 그러나 수운이 말하는 주문은 이런 것과 전혀 다르다. 수운은 이렇게 말한다. "천주를 지극히 위하는 글자를 주呪라 이른다."(「논학문」)[87] 수운이 말하는 주문이란 일종의 기도문mantra이라고 할 수 있다. 따라서 시천주주문은 곧 일종의 기도문으로 보아야 한다.

---

85 "吾亦幾至一歲, 修而度之, 則亦不無自然之理. 故一以作呪文, 一以作降靈之法, 一以作不忘之詞. 次第道法, 猶爲二十一字而已."

86 최동희,「『동경대전』의 종교철학적인 이해」,『동학과 동학경전의 재인식』, 40쪽.

87 "至爲天主之字, 故以呪言之."

"지기금지원위대강至氣今至願爲大降
시천주조화정영세불망만사지侍天主造化定永世不忘萬事知"
"지극한 기운을 지금 저에게 크게 내려주십시오.
천주님을 모시면 조화를 얻게 되고, 천주님을 길이 잊지 않으
면 만사를 깨닫게 됩니다."

이것을 수운은 이렇게 푼다.

주문21자	자해(「논학문」)
至 氣 今至	지: 極焉之爲至, 기: 虛靈蒼蒼, 無事不涉, 無事不命, 然而如形而難狀, 如聞而難見, 是亦渾元之一氣也. 금지: 於斯入道, 知其氣接者也.
願爲 大降	원위: 請祝之意也. 대강: 氣化之願也.
侍 天 主	시: 內有神靈, 外有氣化, 一世之人, 各知不移者也. (天: 不言) 주: 稱其尊而與父母同事者也.
造化 定	조화: 無爲而化也. 정: 合其德定其心也.
永世 不忘	영세: 人之平生也. 불망: 存想之意也.
萬事 知	만사: 數之多也. 지: 知其道而受其知也.

　수운의 동학은 곧 시천주주문에서 시작하여 시천주주문으로
끝난다고 할 수 있을 정도로 이 주문의 내용은 결정적인 중요성
을 갖는다. 동학의 핵심 가르침은 이 주문에 모두 들어 있다 해도
과언이 아니다. 시천주 주문에 대한 해명은 주로 지기와 천주를

골간으로 하여 이루어진다. 여기서 특히 눈에 띄는 것은 천주의 개념짝인 지기이다. 지기는 일찍이 다산에서 상제천(주재천)과 짝을 이루는 자연천("창창유형지천蒼蒼有形之天")에 해당한다. 다산은 상제천("영명주재지천靈明主宰之天")에 관심을 집중했기 때문에 자연천에 다소 소홀했다고 볼 수 있다. 이점에서만 본다면 다산은 분명 비인격적인 자연천을 상대적으로 약화시킨 것이 사실이다. 수운은 이 자연천에 해당하는 지기를 천주와 더불어 새롭게 전개했다는 점에서 선행자들과 다른 점이 있다.

지기와 천주

지기란 무엇인가? 수운은 지기를 이렇게 푼다.

"지至란 지극하다는 것이요, 기氣는 허령이 창창하여 일에 간섭하지 아니함이 없고 일에 명령하지 아니함이 없으나, 모양이 있는 것 같으면서도 형상하기 어렵고 들리는 듯하나 보기는 어려우니, 이는 또한 혼원한 한 기운이다."(「논학문」)[88]

'허령이 창창하다'는 것은 '허령'이라는 기운이 온 천지에 가득 차서 생동하고 있음을, '일에 간섭하지 아니함이 없고 명령하지 아니함이 없음'은 기가 모든 일에 관여하거나 명령하고 있음을, '형상하기 어렵고 들리는 듯하나 보기는 어려움'은 기가 감각적

---

[88] "曰至者, 極焉之爲至, 氣者 虛靈蒼蒼, 無事不涉, 無事不命, 然而如形而難狀, 如聞而難見, 是亦渾元之一氣也."

으로 파악되기 어려움을 말한다. '혼원한 한 기운'이란 만물에 깃든 기가 모두 동일하다는 뜻이다. 결국 지기란 기의 신령성("허령虛靈"), 편재성("허령창창虛靈蒼蒼"), 주재성("무사불섭 무사불명無事不涉 無事不明"), 초감각성("난상난견難狀難見"), 보편성("일기一氣")을 내포하며, 우주의 원기元氣("渾元一氣")로서 인간과 만사만물이 화생하도록 하는 바탕을 뜻한다.

서양의 창조신이 무無로부터 만물을 창조하는 반면, 수운의 지기는 이미 존재하는 우주의 원기로서 생명을 화생케 하는 바탕이 된다. 즉 지기는 작위적으로 창조를 하는 것이 아니라 만물의 생명 활동을 지어내는 창조성creativity과 같은 것이다. 창조성은 작위적으로 창조를 하시는 않지만 더 근원적이고 본래적인 의미에서 만물을 창조한다고 할 수 있다.[89]

그런데 지기에 대한 수운 자신의 자해字解에서만 본다면 기에 대한 그의 이해는 전통적인 기론의 범주를 거의 벗어나지 않는다. 그렇다면 도대체 지기는 전통적인 기론에서 말하는 기와 전

---

[89] 화이트헤드의 형이상학체계에서 신과 창조성, 그리고 세계의 생성, 즉 합생의 과정을 비교해 볼 필요가 있다. 여기서 창조성은 다多에서 일一로, 합생의 자료가 현실적 존재로 새로워지는 가운데 작용하는 힘이다. 신은 일이 다로 분화되도록 하는 것이 아니라 다가 일로 통일되면서 새로운 현실적 존재가 탄생하도록 목표를 정해 준다. 그러나 창조성은 다多 속에도, 일一 속에도 존재하며 언제나 가능성으로서 존재한다는 점에서 신보다 더 보편적이다. 신도 창조성처럼 보편적인, 즉 형성적 요인이지만 그 자체로 현실적 존재이기도 하다는 점에서 창조성과 전혀 다르다.

혀 다른 점이 없다는 말인가? 그렇지 않다. 그 다른 점은 무엇이며, 수운은 이것을 어떻게 알았을까?

수운은 경신년(1860)의 신비적인 상제 체험에서 지기를 직접 접했다. 그가 체험한 지기는 단순한 물질적 기운이 아니라 스스로를 '상제'임을 밝힌 신비한 존재로 인한 영적이고 정신적인 것이었다. "뜻밖에도 사월에 마음이 섬뜩해지고 몸이 떨려서 무슨 병인지 알 수 없고 말로 형언하기도 어려울 즈음에…"(「포덕문」)[90] "몸이 몹시 떨리면서 밖으로 접령하는 기운이 있어…"(「논학문」)[91]라고 수운은 고백한다. 마음이 섬뜩해지고 몸이 떨리는데 그렇게 하는 주체는 몸에 일어나는 어떤 영적 기운이라는 것이다. 수운은 이것을 "(몸) 밖으로는 기화가 있다"(外有氣化「논학문」), "기로 화하는 신"(氣化之神「논학문」)이라고도 나타낸다. 그로 하여금 지기를 몸으로 직접 체험하도록 한 존재를 '영'이라고도 하고 '신' 혹은 "천령天靈"(「논학문」)이라고도 한다. 『성경』「창세기」(1:2)에는 "하느님의 신은 수면水面에 운행하시니라."는 구절이 보이는데, 여기서 '하느님의 신神'은 바로 이런 존재를 말한다. 기독교에서 말하는 성령과 그리 다르지 않은 내용이라고 볼 수 있다. 이렇듯 수운의 지기는 물질적 기를 넘어선 영이요 신이며 '천령'이다. 그러면 이러한 지기는 천주와는 어떤 관계에 있는 것일까?

---

[90] "不意四月, 心寒身戰, 疾不得執症, 言不得難狀之際…"
[91] "身多戰寒, 外有接靈之氣…"

수운은 '지기금지원위대강至氣今至願爲大降'의 기화 체험을 가능케 하는 주문을 '강령주문降靈呪文'(하느님의 영을 내려주는 주문)이라고 부른다. 주문에서 '천주'가 들어감직한 자리에 '지기'가 자리하고 있는 것이다. 그러므로 지기란 곧 '천주의 신령스러운 영 혹은 기운'으로 이해할 수 있다. 기독교에서 신(혹은 영)이 하느님의 신인 것과 마찬가지이다. '지극한 기운'을 내려달라고 기도하는 주문을 '강령주문'이라고 하기 때문에 결국 지기란 천주의 영이라고 이해되는 것이다.(지기＝천령＝천주의 영)

그런데 지기로부터 만물이 화생하여 활동하고 일정한 질서를 형성하는 데는 어떤 작위성이 요구된다. 굳이 비유를 한다면 성리학에서 기를 주재하는 리를 필요로 하는 것과 유사하다. 리 대신에 수운은 천주를 설정하는 점이 다르다.

그러면 지기와 구별되는 천주는 어떠한 존재인가? 천주가 무엇인지는 '시천주'에 잘 드러난다. 수운은 시천주를 이렇게 푼다.

> "시侍라는 것은 안에 신령스러움이 있고 밖에 기화가 있어서 온 세상 사람들이 각각 알아서 옮기지 않는 것이요 주主라는 것은 그(분)의 존귀함을 일컬어서 부모처럼 섬긴다는 뜻이다…"(「논학문」)92

'내유신령', '외유기화'는 수운이 상제를 체험한 두 가지 상반

---

92 "侍者, 內有神靈, 外有氣化, 各知不移者也. 主者 稱其尊而父母同事者也…"

된 양식이다. 왜냐하면 '모심'의 대상은 분명 '천주', 즉 상제이기 때문이다. 말하자면 인간이 신을 체험하려고 할 때 인간에게 주어지는 두 가지 양식은 내면으로 보면 신령함 혹은 '신령'이며, 외면으로 보면 몸이 떨리거나 몸에 한기가 드는 현상으로서 '기화'이다. 다음으로 '각지불이자各知不移者'란 '사람들이 각자 알아서 잘 지켜야 한다'는 것이다. 그러므로 모심이란 안으로는 신령스러움으로, 밖으로는 기氣적인 전율 현상으로 체험되는 천주를 잘 모셔서 그 뜻을 '어기지 말아야 한다'는 뜻이다. 시천주에는 "인간은 천주를 ~게 모셔야 한다"는 당위성의 의미가 포함되어 있다.

시천주에서 '시'는 천주가 직접 내 안에 있다는 뜻이 아니라 단지 '내유신령', '외유기화'의 영기靈氣(영과 기), 즉 천주의 영적 기운이 내 몸의 안팎에서 직접 체험되며, 그러한 기운의 원주인인 천주를 잘 모셔야 한다는 의미이다. 그리하여 '시천주'는 천주의 기운(지기)을 고스란히 내려받는 강령주문과 긴밀하게 연결된다.

그런데 특기할 것은 수운은 정작 '천' 혹은 '천주'에 대해 한 마디도 언급하지 않았다는 점이다. 실수로 빠트렸다고 볼 수는 없고, 아마도 인용문 전체를 통해서 비로소 천주가 어떤 존재인지 간접적으로 드러나기 때문에, 혹은 인간의 제한된 능력으로서는 천주의 속성을 파악한다는 것이 불가능하기 때문일지도 모른다. 어떻든 천주에 대한 직접적 언급이 없다 하더라도 천주가 어떠한 존재인지는 전후 문맥을 통해서 추론해볼 수 있다.

먼저, 천주를 모신다고 할 때 그 모시는 주체가 누군지에 대한 물음으로부터 출발할 수 있다. 그 주체는 인간이다. 인간은 '모심'이라는 종교적 행위를 통해서 천주를 만난다. 따라서 '천주는 이러이러한 존재이다'라고 이론적으로 정의하는 일은 불가능하지만 인간과 신의 만남이라는 종교적, 신적 체험을 통해서 천주의 존재에 접근할 수는 있다. 수운은 경신년의 신비체험을 통해서 천주가 사람의 내면에서는 신령스러운 영으로, 밖에서는 기화작용으로 체험되는 존재임을 확연하게 깨달았다. 그것 말고는 다른 길이 있을 수 없다. 인간은 한편으로 정신, 마음, 영을 가졌으며 다른 한편으로는 육신을 가진 존재이다. 따라서 인간은 몸을 통해서 천주의 기운을 접하는 한편("접령지기接靈之氣", "외유기화外有氣化"), 정신, 마음, 영이라는 내면을 통해서 천주의 영과 만난다.("내유신령內有神靈")

'시천주'에는 '천주'와 천주를 '모시'(侍)는 인간의 나아갈 바가 잘 나타나 있다. 인간은 신을 내적으로, 외적으로 만나지만 안과 밖은 분리된 것이 아니라 하나다. 단지 이론적 설명을 위해서 방법적으로 잠시 안과 밖을 분리시켰을 뿐이다. 신을 모시는 인간에게 안과 밖은 다른 것이 아니다. 안과 밖이라는 포커스는 모심의 대상과 모시는 주체 양쪽에 모두 해당된다. 인간은 안으로는 마음을 통해서 천주와 인격적으로 만나고 밖으로는 몸을 통해서 천주의 성스러운 영과 하나가 될 때 참으로 신을 모시는 것이며, 이렇게 하여 "내 마음이 곧 네 마음"(吾心卽汝心 「논학문」)이 되는 신인합일의 경지에 이르게 된다.

불연기연의 신 인식

'불연기연不然其然'[93]의 논리는 수운이 직접적 언급을 회피한 천天과 지기로 접근할 수 있는 간접적 통로를 제공하는 독특한 논리이다. 이 논리는 수운의 동학으로 하여금 종교적 차원에만 머물지 않고 동시에 고도의 철학적 사유가 되도록 하는 탁월한 방법론이다.

불연不然이란 '~아니다' 혹은 '그렇지 않다'고 부정되는 것, 상식적으로 납득되지 않는 것, 초이성적인 것을 뜻하고, 기연其然은 '~이다' 혹은 '그렇다'고 긍정되는 것, 상식적으로 납득되는 것, 이성적인 것을 뜻한다. 그러므로 '불연기연'의 논리란 '~아니면서 ~인' 논리, 즉 '부정하면서 긍정하는' 역설의 논리 혹은 반대일치의 논리이다. 이것은 동일률과 모순률에 따르는 형식논리가 아니라 모순을 오히려 적극적으로 끌어들이는, 일종의 변증辨證 논리이다.

---

[93] 불연기연에 대해서는 『동경대전』의 「불연기연」과 「탄도유심급」, 『용담유사』의 「흥비가興比歌」에 나타난다.

불연과 기연을 보는 수운의 눈은 자유자재다. 그는 불연 속에서 기연을, 기연 속에서 불연을 본다. 즉 일상의 무자각 상태에서 기연으로 알고 있는 것이 고양된 자각의 상태에서는 불연이고, 상식의 세계에 매몰된 무반성의 상태에서 불연의 신비로 알고 있는 것이 깨달음의 상태에서는 기연인 것이다. 이렇게 보면 불연과 기연의 경계는 허물어진다. 수운은 「불연기연」에서 이렇게 읊는다. "먼 데를 캐어 견주어 생각하면 그렇지 않고 그렇지 않고 또 그렇지 않은 일이요, 조물자造物者에 부쳐보면 그렇고 그렇고 또 그러한 이치인저." 유한자의 관점에서 보면 무한한 시공간의 세계 모두가 알 수 없는 수수께끼와도 같은 불연이요, 만물을 바탕 짓는 '조물자', 즉 최고신의 경지에서 보면 만물이 모두 속속들이 알 수 있는 기연이다. 사물은 관점에 따라서 기연이 되기도 하고 불연이 되기도 한다. 이처럼 기연과 불연의 바탕은 실제로는 다르지 않으며, 따라서 절대적 깨달음의 경지에서 불연과 기연은 동시적으로 인식될 수 있다.

수운의 불연기연의 논리는 형식논리를 뛰어넘는 초이성적인 논리이면서 동시에 동양의 깨달음의 세계에 접근할 수 있도록 해주는, 형식논리와 깨달음이 합일된 경지에서 전개된다. 수운은 이 경지에서 천주를 만나고 지기를 체득하여 일찍이 그 누구도 접근하지 못했던 동서양의 전통적인 신관을 아우르는 드높은 깨달음의 세계에 도달했다. 천주와 지기, 그 인식의 논리인 불연기연은 수운의 드높은 깨달음의 흔적을 보여준다.

수운은 천주를 마음과 몸으로 모시는 지기 체험(시천주)을 통해서 인간이 천주의 마음에까지 고양된, 득도의 최고 앎인 "만사지"의 깨달음에 도달했다. 이 앎이야말로 그가 "조물자에 부쳐보면"(「흥비가」)이라 표현한, 인식의 최고 경지이며, 그가 말하는 불연기연의 신인식이었다.

수운의 시천주 가르침과 불연기연의 깨달음의 논리는 인간과 신이 영적으로 직접 만날 수 있는 계기를 마련했다는 점에서 과거 서양 중세에서 근대로 전환되었던 신관과 세계관의 급격한 변화에 견줄 만한 일대 사건으로 볼 수 있다. 수운의 새로운 신관은 미래의 무한한 가능성을 위해 열려 있다는 점에서 가히 미래적 비전을 간직하고 있다고 볼 수 있다. 왜냐하면 그의 신관은 잃어버린 절대신을 다시 회복한 것이면서 동시에 신 인식의 주체인 인간에 대한 새로운 인식을 뜻하기 때문이다. 신의 품격과 더불어 그 신을 모시는 인간의 품격 또한 드높여지는 것이다. 즉 서양 중세의 신이 인간에게 암흑을 뜻하는 것이라면 수운의 신은 인간 주체성의 새로운 발견이라는 광명을 뜻하기 때문이다. 이때의 인간 주체성은 대상 세계를 독단적으로 지배하고자 하는 근대적 욕망이 아니라 신과의 참된 만남에서 '오심즉여심吾心卽汝心'의 경건하고 겸허한 마음이기 때문이다. 더구나 그의 시천주 신앙은 하원갑下元甲이 지나고 상원갑上元甲이 도래하면 "만고없는 무극대도無極大道 이 세상에 날 것이니"(「몽중노소문답가」)라 노래하여 동서양의 벽을 허문 보편적 신인 상제가 인간으로 등장할 것을 선언하고 있다는 점에서 시사하는 바가 자못 크다.

其道故吾亦有其默益其默之疑不意四

月心寒身戰疾不得執症言不得難狀之

際有何仙語忽入耳中驚起揆問則曰勿

懼勿恐世人謂我 上帝汝不知 上帝

耶問其所默曰余亦無功故生汝世間教

人此法勿疑勿疑曰默則西道以教人乎

曰不然吾有靈符其名仙藥其形太極又

形弓弓受我此符濟人疾病受我呪文教

東經大全卷之一　　二

『동경대전』「포덕문」에 나타나는 "세상 사람들이 나를 상제라 이르거늘 너는 어찌 상제를 모르느냐?"(世人謂아 上帝汝不知)는 질책의 내용이 보인다.

Chapter3
인간으로 강세한 천주, 증산 상제

東經大全卷之一

無實然而運則一也道則同也理則非也
曰何爲其然也曰吾道無爲而化矣守其
心正其氣率其性受其教化出於自然之
中也西人言無次第書無皂白而頓無爲
天主之端只祝自爲身之謀身無氣化之
神學無
天主之敎有形無迹如恩無呪道近虛無
學非

『동경대전』「논학문」에 보이는 동도와 서도의 같음과 다름("運則一也 道則同也 理則非也")에 대한 논변의 구절.

1. 증산 상제와 마테오 리치

서양의 신인 천주가 곧 동양인들이 모셔 온 상제라는 리치의 선언은 단순한 이론적인 인식에 그치는 것이 아니다. 그것은 평생을 천주를 위해 몸바치기로 서원한 한 신부神父로서 체득한 종교적이고 실존적인 진리이기도 하다는 점에 그 중요성이 있다.

리치에 대한 평가는 역사적으로 다양하지만 그 가운데 증산 상제가 제시한 평가는 보다 다차원적이고 독특하다는 점에서 기존의 것을 넘어선다. 그것은 리치의 생전만이 아니라 죽어서 신명이 된 이후 신도적神道的 차원에서의 행적까지를 포함한 것이기 때문이다. 증산 상제는 인간으로 강세하기 전 신도를 다스리는 최고의 신으로서 신명이 된 리치와 깊은 관계를 맺었기 때문에 그의 행적을 누구보다도 잘 알고 있다. 증산 상제는 인간으로 강세하기 전에 리치 신명과 함께 한 경험을 『도전』에 상세히 전하고 있다. 우리는 이를 참고하여 리치의 사후 행적을 그려낼 수 있다. 그러므로 우리의 일차적 관심사는 리치가 선언한 '천주는 곧 상제다'라는 명제를 다시 한 번 그의 사후의 행적에서 간접적으로 확인하는 일이다. 증산 상제는 리치가 말한 천주이며 상제이므로, 리치와 증산 상제의 밀접한 관련성을 밝히는 일은 이 명제의 내용적 확충을 기하는 것이 된다. 증산 상제와 리치는 어떠한 구체적 인연을 맺고 있는 것일까?

상제의 지상 강세를 탄원함

죽어서 신명으로 태어난 리치는 상제를 알현하여 지상 강세를 탄원했다. 이것을 증산 상제는 "이마두가 원시의 모든 신성神聖과 불타와 보살들과 더불어 인류와 신명계의 큰 겁액劫厄을 구천九天에 있는 나에게 하소연하므로… 드디어 갑자甲子(1864)년에 천명과 신교를 거두고 신미辛未(1871)년에 스스로 이 세상에 내려왔나니…"(『도전』 2:30)라 밝힌다. 일단 표면상으로만 본다면 기독교의 신을 모시는 리치가 동양 전통의 신인 상제를 알현하고 지상에 강림해 인류를 구원해 달라고 탄원한 것이다. 이것은 가히 놀랄 만한 사건이다. "천주는 곧 상제다"라는 명제는 리치의 본심이 아니고 단지 포교를 위한 전략에 지나지 않는다고 주장한 사람들은 이 사실을 어떻게 설명할 것인가. 이 구절은 『천주실의』에서 자신이 밝힌 "천주는 곧 상제"의 동서신관의 통합 명제를 단순한 이론적 차원을 넘어서서 실제적으로 입증하고 있다는 데 그 중요한 의의가 있다. 달리 말하면 기독교 신부인 리치가 인류를 건질 구원자로서 찾은 것은 '데우스'가 아니라 '상제'였다는 것이다. 물론 그 데우스도 결국 상제이기는 하지만.

『도전』(2:30)에는 리치가 신명이 되어 우주 주재자인 상제에게 나아가게 된 배경이 자세히 묘사되어 있다. 이에 따르면 인류를 위한 천국 문명을 건설하리라는 리치의 집념은 너무나 강했다. 하늘이 아닌 땅 위에 천국을 건설하겠다는 그의 꿈은 기독교 교리에 대한 적극적이고 창의적인 해석의 결과이다. 왜냐하면 예수는 천국이 가까웠다는 메시지를 전했는데, 많은 사람들은 이것이 말 그대로 하늘나라에 있는 나라라고 이해하기 때문이다. 그러나 리치는 천국이 단순히 기다려서 오는 것이 아니라 인간이 적극적으로 지상에 건설해야 할 것으로 본다. 이를 위해 리치는 일차적으로 이제껏 막혀있던 동서양의 경계를 허물어 동서양의 신명들이 서로 넘나들며 문물을 교류할 수 있게 하였다.

그러나 그는 지상천국 건설의 꿈을 성취하지 못한 채 세상을 떠나고 말았다. 마침내 그는 천국 건설을 위해 몸과 마음을 모두 바친 나머지 천국 건설의 화신化神이 되었으며, 그러기에 문명신으로서 동양의 문명신들을 거느리고 서양으로 건너가 다시 천국 문명을 그 곳에 건설하고자 했다. 그 과정에서 동서양의 문명신들이 리치 신명과 더불어 천상으로 올라가 그곳의 문명을 본떠 근대의 과학 문명을 발전시킬 수 있도록 과학자들의 안목을 크게 열어주었다.

여기서 동양의 문명신이 서양으로 건너가 근대 문명을 여는 데 결정적 공헌을 했다는 사실은 매우 중요하다. 예로부터 찬란한 정신 문화를 꽃피워 온 동양의 문명신이 서양으로 건너가 인간의 정신을 개명開明케 했으니, 이것이 곧 '알음귀'이다. 알음귀란 신적 창의성의 근원이 되는 고도의 정신적 능력이다. 영적 능력 혹은 영감력이라고도 할 수 있다. 과학을 발전시키는 데 있어서 이 능력은 절대적으로 중요한 역할을 한다. 원래 인간은 알음귀를 가지고 있었으나 지나치게 물질적 욕망에 경도되어 인식 능력의 신적 기원을 상실하게 된 근대인들에게는 그것이 닫힌 상태였다. 문명신들은 리치 신명과 함께 천상에 올라가 천상의 "기묘한 법"을 배워 와서 근대 과학자들의 알음귀를 열어주었다. 그리하여 근대인의 정신은 활짝 피어나 과학문명과 모든 학문을 발전시킨 원동력이 되었다.

그러나 이렇게 근대의 여명을 연 과학문명은 역설적이게도 인간의 마음을 교만하게 만드는 역할을 하기도 하였다. 그리하여 자연을 순수하게 관찰하고 그것을 이해하여 자연과 공존하려고 하는 대신 자연을 이용하고 지배하는 등 그것을 수단과 도구로서만 취급했다. 자연만이 아니라 신의 존재와 역할에 무지하고, 나아가 그것을 무시하는 지경에 이르렀다. 너무나 물질적인 면에만 치중하여 정신적인 면, 신적인 면을 돌보지 않은 것이다. 그리하여 신의 세계와 자연계 그리고 인간의 세계가 조화를 이루지 못하고 급기야 세계의 질서가 깨지기 시작하였다. 그 결과가 가져올 재앙은 가히 상상하기 힘든 엄청난 것임에 틀림이 없었다. 아무리 대책을 찾아보아도 속수무책이었던 리치 신명은 원시의 모든 신성과 불타와 보살들과 더불어 온 우주의 통치자인 상제께 나아가 친히 강세하여 비겁에 빠진 인류와 신명을 건져주실 것을 탄원했다.

리치에 의해서 야기되어 신도에서 일어난 동서간의, 그리고 지상과 천상의 교류는 간접적으로 천주와 상제에 관한 명제가 가지는 범세계적인 의의를 잘 설명해 준다. 그것은 세계가 하나이며, 천상과 지상 역시 앞으로 더욱 긴밀히 통일되어야 하고 또 그렇게 될 것임을 암시하고 있다. 그러기에 천상과 지상, 그리고 신명계와 인간계, 신과 인간이 교류하며 점점 긴밀해져 간다고 할 수 있다. 리치에 의한 동서 문명의 교류는 천주는 곧 상제라는 명제에 대한 내용적 충실화라 할 수 있다.

천하대순에 동행함

리치는 상제가 영으로 서양 대법국 천개탑에 내려와 천하를 대순大巡하는 데 동행했다.

내가 서양 대법국 천개탑에 내려와 이마두를 데리고 삼계를 둘러보며 천하를 대순大巡하다가…(『도전』 2:30:12)

리치 신명의 하소연을 들은 상제는 리치가 인류를 위해 봉사하는 희생 정신에 감동한 나머지 인류와 신명계의 큰 겁액을 하루빨리 걷어내기 위해 지상 강세를 결심하지 않을 수 없었다. 그리하여 리치 신명과 더불어 그토록 온 마음을 다해 평생을 헌신하고 죽어서도 인류를 위해 헌신한 리치 신명의 고향, 로마 교황령의 베드로 대성당으로 내려왔다. 폭군 네로에게 죽음을 당한 예수의 수제자 베드로의 무덤 위에 건립되었다는 웅장한 베드로 성당은 기독교의 골수 정신이 뭉쳐있는 곳이다. 동양의 전통신인 상제가 서양 신부의 신명인 리치와 더불어 서양 기독교 문명의 중심지인 로마에 내려와 천하를 둘러보았다는 것은 천주와 상제, 서양과 동양의 정신이 화합하고 통일될 것임을 예시하고 있다.

신명계의 주벽, 구천상제

상제는 리치가 서양인으로서 낯선 동양에 와서 동서양 모두의 삶을 문명화시키려고 평생을 바쳐 노고한 공덕을 기려 높이 평가하고 그를 동서양은 물론 천상과 지상의 문명권을 이어주는 최고의 문명신, 나아가 신명계의 주벽으로 삼았다.

이마두는 신명계神明界의 주벽主壁이니라. 항상 내 곁에서 나

　살아서나 죽어서나 리치의 소망은 동서양의 정신과 문명을 하나로 통일하는 일이었다. 인간이 인간답게 행복하게 살 수 있는 천국문명을 지상에 건설하려는 리치의 염원은 그의 정신을 조각해 놓은 노작 『천주실의』에 절절하게 표현되어 있다. 동서의 정신

성 베드로성당. 예수의 제자 성 베드로의 무덤 위에 세워졌으며 돔 건물은 희대의 대천재 화가인 미켈란젤로가 설계했다. 상제님이 리치 신명과 함께 영으로 강세할 때 처음으로 찾은 '천개탑'이기도 하다.

과 물질을 동시에 교류될 수 있도록 하려는 저자의 불타는 집념이 그대로 드러나 있다. 리치 신명은 바로 이러한 공덕으로 인해서 신명계의 주벽이 된 것이다. 특히 그는 동서양의 문명을 통일한 문명신으로서 그 역할이 지대하다.

이러한 점을 감안하여 증산 상제는 리치를 구천九天상제에 임명했다.

이마두는 구천상제九天上帝이니라.(『도전』4:13:7)

죽어서 다시 태어난 리치 신명이 마침내 상제의 반열에 오른 것은 그의 능력과 한결같은 마음, 그리고 모든 신성神聖을 넘어서는 성스러움의 극치를 여실히 말해 준다. 구천상제란 증산 상제에 버금가는 지위에 해당한다. '주벽신'과 유사한 말이지만 그보다는 한층 격조높은 표현이다. 리치는 서양인이지만 생전과 사후의 삶의 궤적은 동서양은 물론 천상과 지상을 아우르는 웅대한 것이다.

후천선경 건설에 역사함

리치는 장차 문명신을 거느리고 조선으로 돌아와 후천선경 건설에 역사하게 된다.

태모님께서… 말씀하시기를 '이는 이마두利瑪竇의 선술묘법仙

術妙法을 칭찬하는 공사이며 후천선경 세계 건설에 역사役事
함을 치하하는 공사니라.' 하시고…(『도전』 11:124:1~4)

리치는 모든 문명신을 거느리고 앞으로 열릴 후천의 선경 건설
에 매진하게 된다. 그는 앞으로의 새 세상을 건설하게 될 주역이
다. 동서는 물론 천상과 지상, 나아가서 과거와 현재, 미래에 걸쳐
인류의 문명을 새롭게 건설하게 될 신이다. 특히 눈여겨 볼 문제
는 십자가十字架의 종교인 기독교의 10수 원리와 "선술묘법"의 연
관성이다. 기독교의 정신을 나타내는 십자가(十, 10수)는 기독교가
조화의 극치인 십무극의 동양 선맥을 계승, 발전시킨 것임을 나타
낸다. 따라서 기독교는 서선西仙이라고 할 수 있다. 리치에게서 서
선으로서의 기독교의 특징이 그대로 나타난다. 후천선경은 고도
의 첨단문명을 바탕으로 선문화가 구축될 미래 문명이다.

리치와 같은 문맥에서, 생전과 사후를 통해서 증산 상제와 깊
은 인연을 맺은 사람이 한 사람 더 있다. 그 인물은 서양 사람이
아닌 동양 사람이었으니, 그가 바로 동방 조선땅의 수운 최제우
이다.

天主豈可謂無異者乎曰同道言之則名
其西學也曰不然吾亦生於東受於東道
雜天道學則東學況地分東西西何謂東
東何謂西孔子生於魯風於鄒鄒魯之風
傳遺於斯世吾道受於斯布於斯豈可謂
以西名之者乎曰呪文之意何也曰至爲
天主之字故以呪言之今文有古文有曰
降靈之文何爲其然也曰至者極焉之爲

『동경대전』「논학문」 중 비록 하느님께 받은 도(천도)는 동서가 서로 같으나 그 이치는 동서학이 다르다("道雖天道 學則東學")는(동학이 우월하다는) 자부심이 드러나 있는 구절.

2. 증산 상제와 수운 최제우

　수운 최제우는 리치처럼 천주와 상제의 문제를 이론적으로 천착하지는 않았다. 그러나 그는 자신이 체험한 신을 천주라고 하기도 하고 상제라고 하기도 했다. 수운에게서 천주와 상제의 문제는 자연스럽게 제기될 수밖에 없는 중요한 주제이다. 이렇게 하여 천주와 상제의 문제는 리치와 수운에게서 필연적으로 제기될 수밖에 없다. 그것은 우연이었을까?

　서교의 신인 천주와 "세상 사람들이 부르는" 상제 사이에는 분명 그 어떤 연관성이 있으며, 당시의 역사적 상황을 감안할 때 수운은 이를 의식하고 있었음에 틀림없다. 그는 자신이 체험한 신을 상제이면서 동시에 천주로 인식하고 있었다. 기화지신, 즉 지기에 대한 체험이 없어서 이기심에 빠져 있는 서양의 신앙 양태는 지기를 중시하는 동학의 신앙과 너무나 다르다는 점에서 서교를 통렬히 비판한다. 나아가 수운은 동학과 서교의 신앙의 대상은 서로 다르지 않다는 뚜렷한 자각을 하고 있었다.(「논학문」 서학과 동학은 "운과 도는 같으나 이치는 다르다.") 이 정도의 세련된 비교종교학적 의식에 도달하기란 오늘날에도 결코 쉽지 않다는 점을 감안한다면 수운은 서교에 대한 상당히 구체적이고 전문적인 지식을 가지고 있었다고 보아야 한다.

한편 증산 상제는 "동경대전東經大全과 수운가사水雲歌詞에서 말하는 '상제'는 곧 나를 이름이니라."(『도전』 2:30:14)고 했다. 이는 수운이 인간으로 강세할 증산 상제를 예시하여 "만고없는 무극대도 이 세상에 날 것이니"(「몽중노소문답가」)라 노래한 사실과 일치한다. 또한 수운은 상제를 'ㅎ늘님'이라고도 불렀다.[94] 하느님과의 천상문답을 체험한 수운은 천주 혹은 'ㅎ늘님'이 곧 상제임을 알았음은 물론 그러한 신이 인간으로 올 것을 예고한 것이다.

증산 상제는 인간의 몸으로 이 세상에 내려올 때에 리치의 하소연 이외에도 수운과의 관련성을 이렇게 말한다.

> 선천의 모든 일이 그대로 인간 세상에 재앙을 일으키면 천하를 건지기 어려우므로 천지신명들이 구천九天에 있는 나에게 호소하매 내가 차마 물리치지 못하고 어찌할 수 없이 세상에 내

---

94 항간에서 주장하듯이 '천주'가 'ㅎ늘님'의 한자 번역어인지, 아닌지를 판가름할 결정적인 증거는 없다. 단 'ㅎ늘님'의 빈도수가 많으며, 한문 저서에만 '천주'가 등장한다는 점에서 위의 주장이 타당성을 가질 확률이 커진다고 볼 수 있다. 그러나 그렇다고 하더라도 수운의 'ㅎ늘님'과 마테오 리치의 천주가 다른 대상이라는 논리적 근거는 없다.

려오면서 수운으로 하여금 내가 장차 세상에 내려옴을 알리게
하였더니…(『도전』 5:125:6~8)

상제는 지상으로 강세할 때 먼저 수운에게 자신의 강세를 세상
에 알리도록 한 것이다. 말하자면 수운은 인류에게 신의 강림을
계시할 막중한 임무를 맡은 것이다. 인류의 의식을 각성시키는
데는 이러한 계시가 매우 중요하기 때문이다. 그렇다면 대체 그
밖에 수운과 상제는 어떤 구체적 인연이 있는 것일까?

상제의 지상 강세와 수운의 역할

상제는 수운에게 천명과 신교를 담은 '천강서'를 내렸으나 수
운이 세상에서 그 뜻을 제대로 펴지 못하므로 친히 인간으로 강
세하게 된다.

최수운이 성경신이 지극하기에 내가 천강서天降書를 내려 대
도를 열게 하였더니 수운이 능히 대도의 참빛을 열지 못하므로
그 기운을 거두고 신미년에 직접 강세하였노라.(『도전』 4:9:1~2)

'천강서'란 하늘에서 내려 준 책이란 뜻으로서, 천상문답을 통
해 우주의 주재자인 상제가 수운에게 내려준 '시천주주문'으로
볼 수 있다. 그런데 '시천주'에서 '시'의 대상은 '천주'이며, 이 주
문을 내려준 분은 상제이다. 상제가 천주로 표현된 것이다. 상제
는 수운이 이 대도를 제대로 열지 못했기 때문에 하는 수 없이 인

간 세상에 내려온다고 하였다. 그러나 원래 리치와 만신이 하느님께서 강세하시기를 하소연했을 때 이미 친히 강세를 결심했지만 육신으로 강세하기에 앞서 "모악산 금산사 미륵금상에 임하여 30년을 지내면서"(『도전』 2:30:13) 먼저 수운을 세상에 보내 인심을 살핀 것으로 볼 수 있다.

최제우가 상제의 뜻을 제대로 펴지 못한 것은 유가의 낡은 틀을 벗어나지 못했기 때문이다. 수운은 비록 상제의 천명을 받기는 했지만 당시의 학문 전통과 유습이라는 고리를 완전히 끊을 수는 없었다. 그는 영남학파의 계맥을 이은 아버지 근암공近菴公의 훈습을 받아 유학적 소양을 쌓은 인물로서 여전히 유학의 전통 속에 있었던 것이다.

증산 상제는 유가를 평하여 "유지범절"이라 긍정적으로 보기도 했으나, 반면에 "유는 부유腐儒니라."(『도전』 3:106:13)고 경계하기도 했다. 또한 유가의 성인인 공자를 "소정묘少正卯를 죽였으니 어찌 인仁을 행하였다 하며, 삼대三代 출저出妻를 행하였으니 어찌 제가齊家하였다 하리오."(『도전』 10:40:8)라 하여 그의 도가 "중생의 원억冤抑"을 지었다고 비판했다. 그런데 최제우가 유가의 틀을 벗어나지 못한 것은 그의 개인적인 한계점이기도 했으나 당시 조선 사회에서 유가의 전통 자체가 워낙 뿌리깊고 강했기 때문이기도 했다.

참동학을 예고함

수운을 통해 먼저 세인에게 전달하고자 했던 '시천주'는 결국 혼란한 세상을 바로잡아 새 세상을 열기 위한 것이다. 당시 전통적 가치관은 혼란에 빠지고 새로운 가치관은 아직 정립되지 못한 터였다. 수운의 '동학'은 시천주의 가르침을 전하는 데 그 일차적 의의가 있다고 할 수 있다. 이처럼 수운의 도는 결국 증산 상제의 가르침을 그 근간으로 하고 있다. 비록 수운이 "대도의 참빛"을 열지 못했지만 그의 동학은 증산 상제의 가르침의 연장선상에서 이해될 수 있음을 알 수 있다. 그러므로 증산 상제는 자신의 가르침을 '참동학'이라고 했다. 동학의 메시지는 이처럼 하느님의 가르침을 근간으로 하고 있다는 점에서 그 중요성을 찾을 수 있다. 사람들은 동학의 정신에서 하느님의 체취를 느낄 수 있어야 한다.

> 동학 주문에 '시천주조화정侍天主造化定'이라 하였으니 나의 일을 이름이라. 내가 천지를 개벽하고 조화정부를 열어 인간과 하늘의 혼란을 바로잡으려고 삼계를 둘러 살피다가 너의 동토에 그친 것은 잔피孱疲에 빠진 민중을 먼저 건져 만고에 쌓인 원한을 풀어 주려 함이라. 나를 믿는 자는 무궁한 행복을 얻어 선경의 낙을 누리리니 이것이 참동학이라.(『도전』 3:184:9)

증산 상제가 인간으로 지상에 강세하여 수행한 천지공사의 모든 내용은 동학의 가르침에서 발원한 것이라고 할 수 있다. 그것은 동학이 원래 상제의 대도 가르침에서 나온 것이기 때문이다. 결국 개벽기에 인간을 구원하고자 하는 것이 증산 상제의 대도라면 수운의 동학은 이것을 예시한 것으로 볼 수 있다.

신교의 도맥을 계승함

상제는 최수운으로 하여금 타종교의 뿌리가 되는 하늘의 가르침인 신교神敎의 도맥을 계승하게 하고 후천개벽으로 새 세상이 열릴 것을 선언토록 했다.(『도전』 1:8:4)

이제 최수운은 선도의 종장이 되고…(『도전』 4:8:2)

신교의 도맥道脈은 멀리 최치원의 풍류도를 거쳐 수운의 스승인 도학자 연담蓮潭 이운규李雲奎를 통해 수운으로 이어진다.(『도전』 1:8:6~7) 상제와 천상문답을 할 때에는 "선어仙語"를 직접 들었으며, 상제의 천명과 신교를 받은 다음 "장생케 하리라"는 말씀을 들었다.(『도전』 1:8:4) 이 모든 것은 바로 선의 요소라 할 수 있다. 수운이 선도의 종상으로 임명된 것은 결코 우연이 아니며, 이는 "이마두의 선묘술법"(『도전』 11:124:4)과 같은 맥락에서 이해될 수 있다. 즉 수운은 서교(서선)의 종장이며 문명신으로서 역사하는 리치 신명과 더불어 '후천선경仙境'을 건설하는 역할을 하게 된다. 이 모든 요소를 연결하는 것이 곧 선인 것이다.

그 밖에도 수운은 후천개벽기에 중국 사람들의 명줄을 판단하는 명부冥府를 주장하게 된다.(『도전』 4:4:4) 인간의 명줄을 관장한다는 것은 '선'의 의미의 연장선상에서 이해될 수 있다. 선은 결국 인간의 건강이나 수명과 관련되기 때문이다.

수운 역시도 리치와 마찬가지로 죽어 신명이 되어서도 증산 상제의 중요한 일을 계속한다. 즉 동서, 천상과 지상, 과거와 현재, 미래를 통합하는 새로운 문명을 여는 데 중요한 역할을 한다. 이 모든 것은 인간의 삶을 윤택하게 하고 인간이 행복을 최고로 발현실킬 수 있도록 한다는 점에 그 주안점이 있다. 이것은 모두 넓은 의미에서 선의 범위에 포함된다.

리치와 수운, 동·서학의 깊은 관계

리치와 수운은 200여 년의 세월을 격해 있는 서로 다른 시대의 인물들로서 생전에 서로 만난 일이 없다. 그러나 후대인인 수운은 『천주실의』를 통해서 혹은 간접적으로 그 소문을 듣고서 리치의 사상과 인간됨을 어느 정도 알고 있었던 것으로 보인다. 특히 우리의 주제인 "천주와 상제"와 관련하여 수운은 리치로부터 모종의 암시를 받지 않았다고 보기 힘들다. 그의 동학은 적어도 그 명칭에서만 보더라도 서학을 염두에 둔 것이며, 서학에 대한 비판을 통해서 그 내실을 기한 면이 없지 않다. 특히 신앙의 대상에 대한 동학의 태도에서는 이제까지와는 다른 서교의 분위기가 물씬 풍기고 있음은 주목할 만한 일이다. 동서학과 그 상이한

문명의 문제에 대한 고민과 천착이라는 문제의식을 고려하지 않
고는 수운의 사상을 제대로 이해하기 어려운 이유가 바로 여기에
있다. 만일 수운이 서학에 대한 피상적 지식만 가지고 있었더라
면 서학에 대한 그의 수준 높은 비판이 어떻게 가능했는지 이해
할 수 없을 것이다. 이렇게 리치와 수운은 깊은 관계를 가진다.

증산 상제는 동학과 서학의 관계를 이렇게 말한다.

東有大聖人하니 曰東學이요
西有大聖人하니 曰西學이라
동방에 대성인이 있으니 곧 동학이요
서방에 대성인이 있으니 곧 서학이라.(『도전』 5:347:13)

수운은 동학의 성인이며, 살아 생전에 증산 상제의 천명과 신교
를 직접 받았다. 그는 또한 동양의 신교 전통을 대표한다. 유구한
신교 전통이 수운을 통해서 맥을 잇고 있는 것이다. 반면 리치는
그 위대한 업적에서 본다면 서학의 창도자 예수를 능가하는 인물
이다. 그는 기독교를 동양 세계에 전파함으로써 서학의 새로운 경
지를 개척했다는 점에서 증산 상제에게 서학의 새로운 대표자로
인정받을 만한 인물이다. 앞에서(3. 1.“후천선경 건설에 역사함”) 설명
했듯이, 기독교는 십자가의 정신으로 인하여 서선西仙으로 선맥
을 잇게 되고, 수운의 동학은 신교 전통의 선맥을 이어 동선東仙
이 된다. 여기서 동학과 서학, 수운과 리치는 동서의 문화의 진액

을 모아 통일하여 통일 문명을 건설하는 주역이 된다.

> 이제 최수운은 선도의 종장이 되고… 이마두는 서도의 종장이
> 되어 각기 그 진액을 거두고 모든 도통신과 문명신을 거느려
> 각 족속들 사이에 나타난 여러 갈래 문화의 정수를 뽑아 통일
> 케 하느니라.(『도전』 4:8:1~6)

리치와 수운은 모두 천주와 상제라는 동서양의 최고신을 모셨으며, 죽어서 신명이 되어 상제를 만나게 된다. 동서양의 이질적인 문화와 신관을 뛰어 넘어 한 분의 하느님을 모시게 된 것이다. 리치와 수운이 직접 만났던 신, 예로부터 동서양에서 받들어 모시던 우주의 최고신은 바로 인간으로 강세한 증산 상제이다. 그러면 인간 증산 상제는 과연 누구인가?

증산 상제님이 탄강 하신 객망리 전경

3. 증산 상제

이제 온 천하가 큰 병이 들었나니 내가 삼계대권을 주재하여 조화로써 천지를 개벽하고 불로장생의 선경을 건설하려 하노라. 나는 옥황상제니라.(『도전』 2:16)

스스로 우주 주재자임을 선언한 한 사람이 절멸의 위기에 처한 인류의 운명을 돌려놓는 대업을 완수했다. 인류와 우주의 운명을 새로이 개척한 불세출의 인물, 그는 일찍이 들어보지 못한 새로운 언어로 병든 천지와 인류의 운명에 대해 남모르는 깊은 근심을 하고 이를 극복할 수 있는 근원적인 진단과 처방을 제시했다. 그리하여 선천의 여러 종교와 성인들이 보여주지 못한 새 세상에 대한 비전과 세인을 놀라게 한 기행이적은 물론 인류를 향한 절절한 사랑으로 새로운 미래를 위한 이정표를 우뚝 세웠다.

위기에 처한 지구와 인류의 말세적 징후에 대한 진단과 처방이 문화 비판의 주류를 이루고 있던 당시 이러한 파격적이고 시원스

런 대안을 제시한 인물은 전무후무했다. 가히 신이 아니고서는 흉내조차 낼 수 없는 엄청난 일이기 때문이다. 그러한 희대의 인물을 제대로 알아보는 사람이 거의 없었다는 사실은 어쩌면 당연한 일인지도 모를 일이다. 진흙 속의 보석과도 같이 찬란한 빛을 발하는 이 사람은 과연 누구인가? 일찍이 마테오 리치가 "천주는 곧 상제"임을 밝혀낸 이래 수운이 직접 체험한 바 있으며, 리치가 죽어서 신명이 되어 지상 강세를 탄원한 그 분, 증산 상제가 바로 그 주인공이다.

그런데 우리는 인간의 몸으로 오신 이 분이 바로 우주의 주재자임을 어떻게 알고 믿을 수 있단 말인가? 이런 의문을 제기하는 사람도 없잖아 있을 것이다. 스스로 하느님임을 자처한 인물이 어디 한둘이며 놀랄 만한 기행이적을 보인 인물이 왜 없었겠는가? 그들과 인간 증산 상제가 결정적으로 다른 점은 무엇인가? 이 난처하고 곤혹스러운 질문에 어떻게 답할 수 있을 것인가? '그냥 믿어라!'가 아니라 그에 합당한 체계적 설명은 과연 어떻게 가능할 것인가?

답은 의외로 간단할 수 있다. 우주 주재자가 직접 인간으로 온다는 이 엄청난 사건은 실은 선천의 각 종교에서 이미 널리 예고된 것이기 때문이다. 종교적 세계에서 다반사로 행해지는 영적 직관은 과거에서 현재로, 현재에서 미래로 그리고 그 반대로의 여행이 얼마든지 가능하다. 만일 그렇지 않다면 하느님이 인간으로 왔다는 이 놀라운 사실은 객관성을 확보하지 못한 채 영영 암흑 속에 묻히고 말았을 것이다. 그러나 다행히도 선천의 각 종교에서는 이미 천상의 하느님이 인간으로 강세할 것임을 분명하게 예고하고 있다.

선천 종교와 증산 상제

증산 상제는 선천 종교의 창업자들에 대해 "공자, 석가, 예수는 내가 쓰기 위해 내려 보냈느니라."라고 간단히 정리했다.(『도전』 2:40:6) 이에 따르면 증산 상제와 선천 종교의 창업자들은 주종관계에 있음을 알 수 있다. 달리 말하면 선천 종교는 증산 상제가 본격적으로 도를 펴기에 앞서 인류의 교화를 위임받은 셈이다. 이것은 선천 종교의 역할과 한계에 대한 가장 뚜렷한 정의라고 할 수 있다. 선천의 각 종교에서는 모두 인간으로 강세할 하느님의 소식을 전하고 있다.

먼저, 불교는 미륵 부처가 인간으로 온다고 가르친다. "말법의 이 때에 '그 통일의 하늘에 계시는 미륵불이 바다에 둘러싸인 동방의 나라에 강세하리라.' 하였나니 …"(『도전』 1:2:7)라 하여 구체적으로 강세의 장소까지도 언급하고 있다. 『미륵상생경』에는 미륵을 영원한 생명을 누리는 최상의 낙원인 도솔타천의 천주라 하였다. 미륵은 범어로 마이트레야Maitreya(자비로운 어머니)인데, 이 말은 고대 인도와 페르시아의 태양신 미트라Mitra의 호칭에서 유래한 것으로 보인다. 기독교의 구세주Messiah라는 말도 이 미트라에서 유래한 것으로 여겨진다. 불교의 미륵은 곧 기독교의 구세주와 동일한 신이라는 사실이 여기서 확인된다.[95] 그리하여 결국 불교의 미륵은 바로 인간으로 강세한 증산 상제와 동일한 분이다.

상제님께서 말씀하시기를 "내가 미륵이니라. 금산사 미륵은 여의주를 손에 들었거니와 나는 입에 물었노라."하시고…(『도전』 10:33:5)

금산사 미륵불상. 왼쪽 손에 여의주를 들고 있다.

그런데 상제가 다른 곳을 마다하고 굳이 조선땅에 강세한 사실도 흥미롭거니와 또한 이 사실은 불교와 깊은 관련이 있다. 즉 상제가 조선땅에 강세하게 된 것은 진표와의 "큰 인연"(『도전』 2:66:3)으로 인한 것이다.

진표眞表(734~?)는 동방의 미륵 신앙이 열매를 맺게 되는 전기를 마련한 인물이다. 신라의 승려인 그는 미륵을 친견하겠다는 굳은

95 안경전, 『이것이 개벽이다 (상)』, 214쪽.

결의로 정진한 끝에 마침내 그 뜻을 이루었다. 그는 구원의 부처인 미륵천주께서 이 땅에 강세해 주실 것을 처절하게 기원한 끝에 미륵불로부터 직접 계戒를 받고 김제의 금산사에 쇠로 만든 밑 없는 시루 위에 미륵불을 조상하라는 계시를 받아 이를 실행했다.(『도전』 1:7:15~17) 그리하여 증산 상제는 천상에서 우선 영으로 이 땅에 강세한 후 금산사 미륵불상에 임어해 30년을 지낸 후에 비로소 인간으로 태어난 것이다.(『도전』 2:30) 이렇게 보면 불교 가르침의 결론은 곧 증산 상제가 인간으로 오며 그 가르침을 따라야 한다는 것이다.

다음으로 기독교 가르침의 결론 역시 아버지 하느님이 직접 인간으로 온다는 것이다. "주 하나님이 가라사대 '나는 알파요 오메가라. 이제도 있고 전에도 있었고 장차 올 자요, 전능한 자라'하시니라."(「요한계시록」 1:8) 물론 이 구절은 하나님이 장차 인간으로 온다는 메시지 이외에도 그 전능한 능력을 말하고 있다. 하나님은 과거, 현재, 미래를 통해 영원히 존재하는 분이다. 따라서 미래에 인간으로 오는 분이라는 것이다. 물론 '인간으로 오는 분'이라는 직접적 표현은 없다. 그러나 '갈 자'가 아닌 '올 자'라 한 것은 하나님이 아닌 인간의 편에서 말한 것이다.

예수는 장차 인간으로 오는 하느님에 대해 이렇게 전했다. "나는 내 아버지의 이름으로 왔으나 너희가 나를 영접하지 아니하는도다. 만일 다른 분이 자기 이름으로 오면 너희는 그를 영접하리라.”(「요한복음」 5:43) 예수는 하나님의 아들로서 그 명에 따라 인간으로 왔기 때문에 인간은 그를 하느님으로 맞이하지 않는 것이며, 장차 하느님이 직접 인간으로 올 때는 그를 하느님으로 맞아야 한다는 말이다. 그러므로 예수를 하느님으로 간주[96]하는 모든 종교 행위는 잘못된 것이며, 아버지 하느님은 장차 인간으로 이 땅에 강세하는 분이다. 이 분이 곧 증산 상제라는 것이다.

> 상제님은 호천금궐의 조화주시오 백보좌 하느님이시니라.(『도전』 3:1:3)

끝으로 유교에서는 상제가 동방 땅에 강세한다고 가르친다. “제출호진帝出乎震—하느님께서 진방(동방)으로 강세하신다.”(『주역』 계사전) 인간과 우주의 일을 원리적으로 밝히는 주역에서 던진 이러한 예고는 중대한 의미를 가진다.

> 동북 간방은 만물의 끝남과 새로운 시작이 이루어지는 곳이라. 고로 말씀이 간방에서 이루어지느니라.(『도전』 1:5:1~2)

『주역』의 진수를 독특한 방식으로 소화하고 그것을 한 차원 높여 새로운 역을 완성한 조선말의 일부一夫 김항金恒(1826~1898). 그는 『정역』에서 역사상 처음으로 후천개벽의 원리를 체계화한

---

96 예수가 하느님과 전혀 다른 존재라고 보는 것은 유대교와 기독교 가운데서도 동방 교회의 입장이다. 반면에 서방 교회는 예수가 하느님의 분신이라는 입장이다.

다. 이에 따르면 선천의 묵은 시간원리는 후천의 정역 시간원리로 개벽되어 천지일월이 모두 정도수正度數로 운행된다. 기울어졌던 지축이 정남북으로 바로 서고 선천의 극한극서의 날씨가 사시四時 고른 날씨로 바뀌어 인간이 살기에 가장 좋은 환경이 조성된다. 나아가서 이 시간대에 하늘의 원주인인 상제가 인간으로 강세하여 후천개벽의 정역 시간대를 열어놓을 것이라는 희망의 소식을 이렇게 전했다.

> 우주의 조화세계를 고요히 바라보니
> 천지의 공덕이 사람으로 오시는 상제님을 기다려 성사되는 줄을
> 그 누가 알았으리!
> (靜觀宇宙無中碧, 誰識天工待人成!『정역』「포도시」)
> 천지의 맑고 밝음이여, 일월의 새 생명 빛나도다!
> 일월의 새 생명 빛남이여, 낙원 세계 되는구나!
> 개벽의 세계여, 개벽의 세계여,
> 상제님의 성령의 빛을 뿌리며 친히 강세하는도다!
> (天地淸明兮, 日月光華! 日月光華兮, 琉璃世界! 世界世界兮, 上帝照臨!『정역』「십일음」)

증산 상제의 신원身元과 삼계대권

위에서 간단히 살펴보았듯이, 선천의 각 종교에서 전한 가르침의 결론은 결국 우주 주재자가 직접 이 땅에 인간의 몸으로 강세

한다는 사실로 모아진다. 과연 천상의 상제는 인간의 몸으로 동방 조선땅에 인간으로 강세했다. 대체 상제란 어떠한 존재인가?

우선 '상제'란 문자적으로 무슨 뜻인가? '상제上帝'에서 '상上'이란 '천상의, 지존무상의, 최고의'를 뜻하며, '제帝'는 '임금'의 뜻으로서 합쳐서 '천상의 하느님'을 의미한다. 따라서 상제는 '우주를 다스리는 통치자 하느님'을 일컬으며, 지상의 임금이 지상의 나라를 다스리듯이, 천상과 지상을 두루 다스리는 최상의 임금이라는 뜻이다.

역사적으로 볼 때 유교나 도교 이전 동방의 신교문화권에서는 최고의 신을 '상제'이외에 '삼신상제'라고도 불렀다. 삼신三神상제란 한 분의 신이 조화, 교화, 치화造化敎化治化라는 세 창조덕성을 가지고 있다는 의미에서 생긴 호칭이다. 삼신상제는 조화로 만물을 낳고, 교화로 잘 가르쳐서 길러내며, 치화로 다스리는 신이라는 뜻이다. 따라서 삼신이란 신이 셋이라는 뜻이 아니라 신이 현실적으로 드러나는 작용을 일컫는다. 삼신과 상제가 합해진 삼신상제는 상제가 작용적으로 드러나는 방식을 나타낸 호칭이다.

삼신과 하나 되어 천상의 호천금궐에서 온 우주를 다스리시는 하느님을 동방의 땅에 살아 온 조선의 백성들은 아득한 예로부터 삼신상제…라 불러왔나니…(『도전』 1:1:4)

증산 상제는 또한 스스로를 "옥황상제"(『도전』 2:16:3)라고 하였다. '옥황상제'란 도교의 '옥황玉皇'과 유교의 '상제'가 통합된 형태로서 천상의 수도인 옥경에 계시는 상제라는 뜻이다. 그러나 삼신상제든 옥황상제든 일반적으로는 간단히 '상제'라고 부른다. 상제는 동양의 고대에 부르던 최고신의 보편적 호칭임을 알 수 있다. 그런데 "상제는 온 우주의 주재자요 통치자 하느님이니라."(『도전』1:1:5)에서 보듯이, 상제는 무로부터 유를 창조하는 창조주가 아니라 이미 존재하는 우주만유를 다스리는 주재자 신이다.[97]

통치신으로서의 상제는 엄격한 권위를 가진 존재다. 이 절대적 권위를 나타내는 직접적 표현이 "천지의 원주인"이다. '주인'이라고 하면 일차적으로 무슨 물건의 소유주라는 뜻도 있지만 그보다는 우주 주재자로서 천지에 대한 절대적인 영향력, 무상無上의 통치권을 가지고 있음을 나타낸다.

이처럼 전 우주에 걸친 무상의 통치권을 구체적으로 삼계대권三界大權이라고 한다. 동양에서는 전통적으로 우주 전체를 하늘, 땅, 인간의 삼요소로 나누어 인식한 까닭이다. 대권이란 최상의 권능, 더 이상이 없는 최고의 권능을 말한다. 흔히 기독교에서는

[97] 일반적으로 형성된 서양 기독교의 신관념은 절대 유일신으로서 천지와 그 질서인 이법까지도 창조한 창조주로서 초월적 인격신이기 때문에 인간의 몸으로 강세할 수 없는 원신元神(primordial God)의 모습을 하고 있다. 반면에 동양 신교의 상제는 이미 존재하는 우주의 이법적 질서를 통치하는 주재자신(governing God)이다.

하나님을 전지전능하고 무소부재한 분이라고 하는데, 이러한 권능을 다른 말로 하면 바로 삼계대권이다. 삼계대권은 천지조화를 통해서 모든 일을 뜻대로 행하는 하나님의 권능을 말한다.[98]

또한 삼계대권은 도권道權과 신권神權에서 나오는 권능이라 할 수 있다. 도권이란 도통의 궁극 경지인 중통인의에서 나오는 조화권이며, 신권은 신명계의 주재자로서 천지간의 신명들을 자유자재로 부리는 능력이다.

> 상제님께서 말씀하시기를 "이제는 판이 크고 일이 복잡하여 가는 해와 달을 멈추게 하는 권능이 아니면 능히 바로잡을 수 없느니라." 하시니라. 이 때 아침 해가 제비산 봉우리에 솟아오르거늘 상제님께서 해를 향하여 손으로 세 번 누르시며 "가지 말라!" 하시고 담뱃대에 담배를 세 번 갈아 천천히 빨아들이시니 문득 해가 멈추어 더 이상 솟아오르지 못하더라.(『도전』 4:111:4~6)

당시의 사람들은 증산 상제의 신권에서 나온 이러한 기행이적을 보고 그 분이 진정한 상제임을 알아차렸으며, 이를 목격한 많은 이들은 그 가르침에 귀의했다. 불치의 병이 든 아이를 절에 있는 종을 세 번 치게 하여 낫게 만든 사건을 보고 제자인 최창조는 "우리 선생님은 하늘님이오."(『도전』 2:130:11)하고 말했다. 당시 성도

---

98 안경전, 『관통 증산도I』, 60~62쪽.

들은, 증산 상제가 뇌성벽력과 풍운조화를 뜻대로 쓰는 것을 보고 '인존천주님이 틀림 없다.'(『도전』 2:39:9~10)고 믿었다.

우주의 주재자 증산 상제. 삼계를 다스리는 그의 조화권, 즉 삼계대권은 이성적 추리의 한계를 벗어난다는 점에서, 그리고 삼계의 통치 이법을 항상 새롭게 재창조함으로써 다스린다는 점에서 기독교 신의 창조력과 다르지 않다고 할 수 있다. 무로부터 세계를 창조할 수 있는 절대적 능력이 아니고는 삼계대권을 바탕으로 한 천지공사는 불가능할 것이다.

증산 상제는 이렇듯 인류 역사상 최초로 천지대신문을 열고 삼계대권으로 천지만물을 뜻대로 움직였으며, 천지의 잘못된 질서 자체까지도 바로잡는 대역사를 행했다. 이것이 바로 천지공사이다. 천지공사는 천지를 대상으로 공사를 벌일 수 있는 존재, 즉 우주 전체의 주재자인 상제만이 할 수 있는 일이다. 천지공사라는 용어는 전에도 없었고 후에도 없을 증산 상제의 고유한 경지를 잘 나타내 준다. 증산 상제가 천지공사를 행했다는 사실이 곧 그의 위격을 잘 대변해 준다.

천지공사

삼계대권의 주재자 증산 상제는 "나의 일은 천지를 개벽함이니 곧 천지공사니라."(『도전』 5:3:6)고 했다. 증산 상제가 인간으로 강세한 이유는 곧 천지공사를 행하고자 함이었다. 그러면 천지공사란 무엇인가?

　천지공사天地公事의 문자적인 뜻은 삼계대권의 주재자인 증산 상제가 인류를 구원하기 위해 '병든 하늘과 땅을 뜯어고치는 공적인 일'이란 뜻이다. 그것은 선천 이래 누적되어 온 우주적, 문명적인 병을 치유하기 위한 극약처방이다. 또한 천지공사는 선천에 쌓여 온 인간과 신명의 온갖 원한을 푸는 한편 선천 문명의 진액을 뽑아 후천에 건설될 새로운 문명을 위한 청사진이자 새 역사의 이정표이기도 하다. 결국 천지공사는 지금까지 누적되어 온

증산 상제님이 9년 천지공사를 보시며 지내신 구릿골 전경

우주적, 문명적인 모든 병을 치유하고 이 바탕 위에 새로운 문명을 건설하기 위한 것이다. 이를 위해 증산 상제는 천상의 신명계에 조화정부를 결성하고, 지상에서는 지운 통일 공사를, 인간 역사에는 세운과 도운 공사를 집행했다. 그러면 먼저, 조화정부란 무엇인가?

조화정부란 '천상의 통일 신명 정부'로서 상극의 원한으로 얼룩진 선천의 잘못된 세상을 바로잡고 새로운 후천 선경을 열기 위하여 우선 신도 세계를 바로잡는 역할을 한다. 조화정부는 천

지공사를 실질적으로 뒷받침하기 위한 신명계의 조직이다. 여기에는 앞에서 살펴 본 마테오 리치를 비롯하여 세계 문명신과 도통신, 세계의 지방신, 만고원신과 만고역신 등의 신명은 물론 각 성씨의 선령신과 자연신이 참여한다.

다음으로 지상에서는 부조화한 땅기운을 바로잡는 공사가 이루어진다. 땅기운이란 무엇인가? 땅기운을 지운이라고도 하고 지기라고도 하는데, 그것은 인간과 신명이 그 영향을 받으며 살아가는 무형의 지구 에너지를 이름이다. 지구는 신령한 영적 생명체로서 아버지 하늘의 조화 기운을 받아서 만물을 낳고 길러 주는 어머니의 역할을 한다. 그런데 선천말에는 지구의 정상적인 에너지 흐름이 깨어져서 인간과 신명의 삶을 총체적으로 위협하게 된다. 지금까지의 온갖 부조리와 원한의 역사는 모두 지운이 혼란해진 데서 온 것이다. 이에 지운을 통일할 필요성이 대두된다.

> 천지를 개벽하여 선경을 세우려면 먼저 천지도수를 조정하고 해원으로써 만고신명을 조화하며 대지강산의 정기를 통일해야 하느니라.(『도전』 4:19:1~3)

지구의 혈穴[99]은 우주 주재자인 증산 상제가 강세한 한반도에 있으며, 음기운의 극치인 한반도의 모악산이 지운 통일의 주장이

---

[99] 혈이란 풍수지리학적으로 '용혈'의 준말이다. 지형의 유동성과 생기를 나타내는 용龍의 핵심적인 지점을 나타낸다.

되고 이에 응기하는 양기운의 산이 순창 회문산이다. 지구 음양 기운의 핵이 뭉쳐있는 모악산과 회문산을 중심으로 지구 전체의 땅기운을 통일하여 인간과 신명, 그리고 만물의 에너지 흐름과 삶을 다시 건강하게 만드는 것이 지운통일 공사의 목적이다.

하늘과 땅의 질서를 바로잡은 다음에는 인간 세상의 망가진 질서를 뜯어고치는 일이 남아 있다. 말하자면 하늘과 땅은 인간이 살아가는 환경인데, 환경만 뜯어고친다고 인간의 삶이 건강해지는 것은 아니기 때문이다. 인간 세상의 시간적 흐름을 역사라 하는데, 역사의 흐름 가운데 세속적인 운의 흐름을 세운世運, 도道적 운의 흐름을 도운道運이라 한다. 세운과 도운 공사는 이러한 흐름을 뜯어고쳐 새로운 방향을 제시하기 위한 것이다.

> 상제님께서 신명정부를 건설하시고 앞세상의 역사가 나아갈 이정표를 세우심으로써 상제님의 대이상이 도운과 세운으로 전개되어 우주촌의 선경낙원이 건설되도록 물샐틈없이 판을 짜 놓으니라.(『도전』 5:1:8~9)

세운이란 지구촌 인간의 세속적인 역사가 흘러가는 틀이다. 세운 공사란 그러한 인류 역사의 질서를 새롭게 질정한 일을 말한다. 도운 공사란 증산 상제의 교의 체계를 이어받은 한 단체가 등장하여 세계의 정치적 통일과 종교 통일의 대업을 완수하도록 하는 일이다.

개벽장 하느님, 증산 상제

천지공사는 우주 가을철의 대개벽기를 맞이하여 증산 상제의 무궁한 조화권으로 그릇된 천지도수天地度數를 바로잡고 천하창생을 건져 우주일가의 조화선경을 열기 위한 것이다. 이 열림이 곧 후천개벽이라는 우주사적 사건이다. 우선 '개벽'이 무엇인지 살펴보자.

개벽이란 '天開地闢'의 준말로 '하늘과 땅 혹은 시간과 공간을 새롭게 엶 혹은 열림'정도로 풀이할 수 있다. 즉 개벽이란 우주가 새롭게 열리는 사건이며, 단 이것을 자연적 사건이라는 시각에서 보면 '열리는' 것이지만 우주 주재자의 의지에 의해서 발생하는 능동적 사건의 관점에서 보면 '여는' 것이다.

이제 온 천하가 대개벽기를 맞이하였느니라. 내가 혼란키 짝이 없는 말대의 천지를 뜯어고쳐 새 세상을 열고 비겁에 빠진 인간과 신명을 널리 건져 각기 안정을 누리게 하리니 이것이 곧 천지개벽이라.(『도전』 2:42:1~3)

개벽은 크게 우주의 겨울과 봄이 교차할 때의 선천 개벽과 하추교역기의 후천 개벽으로 나눌 수 있다. 선후천 개벽은 우주가 존재한 이래로 지금까지 쉬지 않고 계속되어 왔지만 우주 주재자 자신이 선천말에 후천 개벽을 수행하고자 이 세상에 강세한 것은 우주 역사상 초유의 일이다. 증산 상제가 살았던 당시는 이미 서양의 과학 문명이 비약적으로 발전하여 그 성과가 도리어 인간의 문화와 정신을 파괴하기 시작한 위기의 시대였다. 이전에는 지상의 문명권(˝판˝)이 비교적 작고 단순하여 우주 주재자의 직접적인 도움이 없이도 종교와 도덕의 힘으로 그때마다 야기되는 위기를 어느 정도 관리할 수 있었다. 그러나 천상의 문명을 모방한 서구 과학 문명이 눈부시게 진보하는 바람에 고도로 복잡다단해져 더 이상 기존의 종교와 도덕의 힘만으로는 도저히 제어할 수 없는 지경에 이르렀다.(『도전』 2:21:2~4) 바로 여기에 우주 주재자 증산 상제의 진정한 강세 이유와 목적이 있다. 그러면 후천개벽은 어떻게 오는가?

개벽은 먼저 전쟁으로 막을 올린다. 전쟁은 국지전이 아니라 세계전쟁, 천지전쟁의 규모로 터진다. 그것은 세상 끝을 맺을 정도로 강력한 것이다.

> 상씨름으로 종어간終於艮이니라. 전쟁으로 세상 끝을 맺나니 개벽시대에 어찌 전쟁이 없으리오.(『도전』 5:415:1~2)

세계대전은 흔히 핵전쟁으로 알고 있다. 이 점에서 전쟁은 인류의 절멸과 지구의 파괴로 이어질 수 있다는 우려를 안고 있다. 실제로 현재 인류가 보유하고 있는 핵만으로도 지구를 수백 번 파괴하고도 남음이 있다. 그러나 이것은 선천 5만 년을 통해서 쌓여온 각종 문제거리를 일거에 해결하기 위해서는 불가피한 과정이다. 그러면 이로써 정말 지구는 종말을 맞는 것인가?

> 장차 전쟁은 병으로써 판을 막으리라. 앞으로 싸움 날 만하
> 면 병란이 날 것이다. 병란兵亂이 곧 병란病亂이니라.(『도전』
> 7:35:4~6)

이 말씀처럼 세계전쟁이 발발함과 거의 동시적으로 인류의 힘
으로는 어쩔 수 없는 괴병이 지구를 휩쓴다. 이로써 전쟁은 자연
적으로 끝나지만 대신 원인을 알 수 없는 병의 창궐로 거의 모든
인류가 목숨을 잃을 위험에 직면하게 된다. 그러나 이뿐만이 아
니다.

후천개벽은 천체가 한 순간에 정립되는 물리적 사건을 수반한
다. 전쟁과 질병 등의, 생물계에만이 아니라 자연 전체에 가해지
는 물리, 화학적 충격이 한꺼번에 발생하는 것이다.

> 공부하는 자들이 '방위가 바뀐다'고 이르나니 내가 천지를 돌
> 려 놓았음을 세상이 어찌 알리요… 내가 이제 천지를 개벽하
> 여 물샐틈없이 도수를 정하였느니라.(『도전』 4:152:1)
> 지금은 천지에 수기가 돌지 않으므로 묘를 써도 발음이 되지
> 않느니라. 이 뒤에 수기가 돌 때에는 와지끈 소리가 나리니 그
> 뒤에라야 땅 기운이 발하리라.(『도전』 4:108:6~7)

"수기가 돌 때에 와지끈 소리"가 나는 것은 시공 궤도의 수정

으로 지축과 천체가 한꺼번에 정립될 때 일어나는 지구의 대충격을 실감나게 표현한 것이다. 그런데 증산 상제가 "천지를 돌려 놓았다"는 것은 그러한 자연적 사건의 이면에 천체들의 운행을 주재하는 주재자의 조화권능이 작용하고 있음을 말해준다. 즉 후천개벽은 자연적으로 일어나는 사건으로 볼 수도 있지만 동시에 증산 상제가 작위적으로 일어나도록 한다고 이해할 수도 있다.

전쟁과 질병, 자연계의 대충격은 선천에서 후천으로 넘어가는 경계에서 필연적으로 발생하는 사건들이다. 인류 역사상 가장 큰 재앙이다. 이것을 피할 방법은 없는 것일까?

인류 구원의 법방

증산 상제는 조상의 음덕과 조상에 대한 자손의 제사, 그리고 자손의 선행을 강조했다.

> 선령신이 짱짱해야 나를 따르게 되나니 선령신을 잘 모시고 잘 대접하라.… 선령의 음덕으로 나를 믿게 되나니…(『도전』 2:78:1~3)

조상의 음덕이란 나를 있게 한 조상들이 하늘에서 기도하고 은밀하게 선행을 하며 공을 쌓는다는 뜻이다. 이것은 지상에 있는 내가 알 수는 없지만 조상이 보이지 않는 곳에서 쌓은, 진정한 덕으로서 나에게 좋은 영향을 준다는 것이다. 따라서 나는 이러

한 조상의 은혜에 감사하는 마음으로 제사를 드려야 한다는 것
이다. 그러나 조상의 음덕이 아무리 많다 하더라도 배은망덕한
자, 진실하지 못하고 교만한 자, 남을 속이는 자 등은 원칙적으로
구원받을 수 없다. 그리하여 증산 상제는 "낡은 삶을 버리고 새
삶을 도모하라. 묵은 습성이 하나라도 남아 있으면 그 몸이 따라
서 망하느니라."(『도전』2:41:2~3)고 경계했다.

그러나 이것만으로는 완전히 구원될 수 없다. 우주의 절대자인
증산 상제의 도권道權과 신권神權을 통해서 비로소 완전한 구원
이 이루어진다. 도권이란 의통醫統을, 신권이란 도공이나 주문과
같은 것이다.

의통은 유형의 신물神物인 성패聖牌와 무형의 태을주太乙呪로
이루어진다. 태을주는 곧 죽어 넘어가는 창생을 살리는 생명의
성약聖藥이다. 태을주는 "훔치 훔치 태을천 상원군 훔리치야도래
훔리함리사파하"라는 스물 석 자로 이루어져 있다.

> 태을주는 수기 저장 주문이니 병이 범치 못하느니라.(『도전』
> 4:147:3)
> 태을주는 구축병마주驅逐病魔呪니라. 내가 이 세상의 모든 약
> 기운을 태을주에 붙여 놓았나니 만병통치 태을주니라.(『도전』
> 3:313:7~8)

태을주를 읽음으로써 천지부모와 합일되는 태일太一에 이르게

太乙呪

태을주는 천지 어머니 젖줄이니
태을주를 읽지 않으면 다 죽으리라. (2:140:9)

吽哆 太乙天 上元君 吽哩哆𡄨都來 吽哩喊哩娑婆訶

된다. 태일이란 천지인 삼재 가운데 인간의 위격을 나타낸다.[100]
우리 몸의 영성과 생명의 근원인 삼신과 칠성 기운을 열어 주는
것이 태을주라면 그 주재의 위치에 있는 것이 태일이다. 태을천
상원군은 도의 뿌리 하늘인 태을천의 주재신이다.

증산 상제가 인류에게 내려 준 태을주와 도공의 힘으로 괴병이
나 전쟁 혹은 자연 재해의 각종 난을 넘어설 수 있다.

새로운 문명의 지평, 후천선경

서양 사람 마테오 리치가 꿈꾸었던 지상천국, 일찍이 고대 그리
스의 이상주의자 플라톤이 제시한 이상국가(이데아가 실현된 지상국
가), 이것이 변형되어 계속해서 묵시론적으로 그려지는 각종 유토
피아론[101], 기독교에서 줄기차게 외쳐왔던 천국, 그리고 동방의 대
성인 최수운이 갈구했던 "다시개벽"의 "태평성세"(「몽중노소문답
가」)[102], 이 모든 염원은 결국 후천의 조화선경을 향한 것이다. 후
천 조화선경은 이 점에서 역사적 지평 위에 건설되는 이상향이다.

리치는 하늘에 있다는 천국을 지상에 건설하고자 중국에 왔으
며, 일생을 기독교 신부로서 뿐만이 아니라 문명의 전도사로서,

---

100 안경전, 『개벽 실제상황』, 서울: 대원출판 2006, 452쪽 참고.

101 예컨대 베이컨의 『신대륙』(노바 아틀란티스), 캄파넬라의 『태양의 나라』, 토
마스 모어의 『유토피아』, 모리스의 『출처를 알 수 없는 뉴스』 등이 그것이다.

102 '다시 개벽'에서 '다시'는 이전에 이미 개벽이 있었고 이번에 일어나는 개벽
이 이에 이은 것임을 나타내어 후천개벽을 뜻하고 있다.

아니 상이한 문명을 교류시키고 나아가 통합하고자 노력하였다. 그는 비록 생전에 자신의 염원인 지상천국을 건설하지는 못했지만 죽어 문명신이 되어 자신의 고향인 서양에 천국이 건설되도록 했다. 즉 천상의 문명을 모방하여 건설된 것이 서양의 근대문명이며 이 과정에서 그는 결정적 역할을 했다. 물론 불완전성이 있기는 하지만. 과연 이 문명은 편리함과 효율성을 획기적으로 높여 인류에게 행복을 가져왔음에도 불구하고 자연과 문명을 병들게 하는 폐해를 몰고 왔다. 그리하여 리치 신명의 탄원으로 마침내 우주의 주재자 상제가 이 땅에 강세하여 천하의 병을 치유하게 된 것이다.

상제는 강세하기 전 먼저 수운에게 '시천주주문'을 내려주고 하느님의 복음을 세상에 전하게 했다. 그 가르침의 궁극적 목표는 인류가 진정 행복하게 살 수 있는 세상을 만드는 일이었다. 그는 이것을 "다시 개벽의 태평성세" 혹은 "지상신선"(「교훈가」)이 이룩한 "동귀일체"의 세상이라고 했다. 이러한 세상은 각자가 자신들의 이기심("각자위심")을 떨치고 천주의 마음을 자신의 마음으로 삼는 시천주의 경지이다. 이것이 곧 하느님으로부터 받은 시천주 가르침의 결론인 만사지萬事知문화이다.

만사지란 "지혜가 열려 과거 현재 미래 시방세계의 모든 일에 통달"(『도전』 7:5:5)하여 우주 안에서 일어나는 모든 일을 알고 깨달는 경지이다. 그러므로 만사지란 선천에 굳게 닫혔던 마음의 "지각문知覺門"(『도전』 4:1:4)이 새롭게 열려 있는 그대로의 사물의 본질을 알고 깨닫는 새로운 인식의 지평이다.

만사지 문화는 증산 상제님이 펼치는 후천 선경의 정신적 바탕이다. 리치는 원래 인류 문화의 모태인 신교에서 갈라져 나간 원시적 선仙을 기독교적으로 계승한 서선西仙의 대표자다. 그러므로 그의 천국문명 건설의 노력은 결국 신교의 가르침 및 그 가르침의 원주인인 상제님과의 만남으로 열매를 맺는다. 수운 역시 신교의 선문화의 맥을 이었다. 증산 상제는 리치와 수운이라는 동서양의 두 성인이 역사적으로 전개한 문명 건설의 노력을 수렴하여 완성한 분이다. 상제님의 천지공사의 결론 역시 인류가 행복하게 살 수 있는 후천선경을 천상이 아닌 지상에 건설하는 일이다.

후천 선경세계는 가가도장家家道場이요, 인신합덕人神合德으로 인인人人이 성신聖神되어 만백성이 성숙하고 불로장생하는 무궁한 조화낙원이니라.(『도전』 7:1:5)

에필로그

이 글은 동서의 이질적인 신관과 문화 저변에 흐르는 보편적인 정신이 과연 무엇이며 그 통합 방안은 무엇인지를 추적하고자 하는 근본 관심에서 출발했다. 이 주제의 골간을 이루는 천주와 상제는 단지 신 관념으로 그치는 것이 아니라 동서양의 이질적인 문명과 종교, 학문, 관습, 가치관 등을 이어주는 포괄적인 개념이다. 이는 대화와 소통의 부재, 그리고 이로 인한 대립과 갈등, 물질은 풍부하되 정신이 극도로 황폐해진 현대와 현대인의 공허함을 일깨우고자 하는 뜻깊은 의도에서 선택된 것이다.

오늘날 지구상에 끊이지 않는 대형 재난, 특히 그 가운데서 날이 갈수록 증폭되는 동서의 갈등과 대결, 나아가서 크고 작은 분쟁과 전쟁들도 알고 보면 대화와 소통의 부재, 이로 인한 상대방에 대한 이해와 관용의 결여에서 오는 경우가 의외로 많다. 그러나 안타깝게도 교통과 통신, 매체 등 각종 제도의 획기적 발달이 이룩된 지금에도, 동서의 대화와 소통, 그리고 화합의 문제는 마테오 리치 당시에 견주어 결코 더 나은 해결의 실마리를 잡았다고 보기는 어려워 보인다. 예컨대 이슬람권과 기독교 문화권 사이의 긴장과 그 문제점을 파헤친 헌팅턴의 문제작『문명의 충돌』 (1993)은 이에 대한 분명한 시사점을 던지고 있다. 하루가 멀다 하고 터지는 국내외의 크고 작은 각종 사고와 분쟁, 국지전은 물론 인류의 미래를 어둡게 하는 환경재난[103]의 근본 원인은 결국 동서간의 대화와 소통이 끊기고 이로 인한 오해와 왜곡이 증폭되어 발생하는 경우가 허다하기 때문이다. 그리하여 수운이 선말鮮末의 세태를 예리하게 진단한 "각자위심各自爲心", 즉 각자가 자신만을 위하는 이기주의적 경향은 오늘날에 이르러 전 세계적으로 더욱 심각해진 양상이다.

이 글은 동일한 한 하느님이 서양에서는 천주(데우스)로, 동양에서는 상제로 불리어 왔다는, 당연한 듯하면서도 놀라운 대전제를 밑바탕에 깔고 있다. 말하자면 지금까지 인류의 역사를 대립

---

[103] 물론 환경재난의 직접적 원인이 대화와 소통의 부재라고 볼 수는 없다. 그러나 선진국들의 산업활동으로 인하여 환경이 획기적으로 오염된 것이 사실인데도 그들은 그 책임을 회피하여 결국 그 피해를 저개발국들이 고스란히 떠안고 있는 실정이다. 그런데도 선진국들과 저개발국들간에 상호 대화와 이해를 위한 장이 제대로 마련되어 있지 않다. 그것은 상호간의 불신과 몰이해에서 오는 경우가 많으며 때로 일방적인 이기주의적 발상에서 오는 경우도 적지 않다.

과 투쟁으로 얼룩지게 한 이질적인 문화와 종교는 비록 다양한 외양을 하고 있지만 결국 근원적으로 보면 서로 다르지 않은 것이다. 다양성과 이질성은 분명 다르다. 다양성은 차이를 인정하는 관용을 허용하지만 극단적 이질성은 대화와 소통을 불허하는 대립만을 낳기 때문이다. 이 사실은 오늘의 인류에게 결정적으로 중요한 메시지를 던진다. 인류가 처한 문화와 문명적 위기 상황은 대화와 화합을 통해서 어느 정도 완화될 수 있는데, 그것을 가능하게 하는 인식의 출발점은 원래 서로가 다르지 않다는 분명한 인식에 있다. 일찍이 이에 대한 예리한 통찰을 한 것이『천주실의』이다. '천주는 곧 상제'라는 이 책의 핵심 명제는 오늘날의 새로운 상황에서 재해석되어야 하며, 이것을 시도한 것이 이 글의 중심적 모티브이다.

동학의 창도자 수운이 도달한 신 인식의 경계에서도 서학의 신은 동학의 신과 다르지 않다. 다만 서학하는 사람들과 동학하는 사람들이 이 동일한 신에 접근하는 방식이 서로 다를 뿐이다. 그러기에 그는 체험적으로 만난 '상제'에게서 받은 시천주주문에서 상제를 '천주'로 표기하였다. 이 단계에서 수운은 동서학의 신이 표면적으로 가지는 것으로 보이는 차이성을 뛰어 넘어 진정한 보편성에 도달한 것으로 보인다. 그의 '상제', '천주', 'ㅎㄴ님'은 지방신의 지평을 벗어나 동일한 보편신으로 높여진다. 바로 여기에 '천주는 곧 상제'라는 리치의 명제가 자연스럽게 공명共鳴하고 있는 것이다.

리치와 수운의 '천주는 곧 상제다'는 명제는 특히 인간으로 강세한 증산 상제를 통해서 보다 입체적으로 조명되었다. 증산 상제는 리치와 수운을 그들의 생전이나 사후에 만났으며, 그들이 전한 메시지의 진실성을 우주 주재자의 삶을 통해서 생생하게 다시 보여준 것이다.

이 글은 동서양의 이질적인 신관이 통합되어야 할 당위성과 그 원리적 타당성을 리치와 수운의 천주와 상제 개념을 통해서 검토한 데서 그 적극적 의의를 찾을 수 있다. 앞에서 살폈듯이, 리치와 수운은 서로간에 직접적인 교류가 없었던 동서양의 성인들이면서 약 2세기의 시간적 간극이 있었던, 이질적인 시대와 공간을 살았던 인물들이다. 그럼에도 불구하고 천주와 상제라는 인류의 보편신 문제에서 확연한 공통의 문제의식을 가지고 있었으며 매우 유사한 결론에 도달했다. 바로 거기에 동서의 종교 통일의 무한한 가능성이 숨어 있는 것이다.

동서양의 신관이 통일된다면, 따라서 지금까지 이질적인 것으로 비쳐졌던 정신이 진정으로 한 공간에서 만나 화해한다면 세계는 물리적으로 만이 아니라 정신적으로 더욱 좁혀지게 되며, 동시에 인류의 행복은 그만큼 증진되리라. 왜냐하면 그간 동서의 정신적, 종교적 이질성이 많이 극복된 측면도 있지만 아직도 건너기 힘든 심각한 사태들이 끊이지 않는 실정이기 때문이다. 동서 신관의 진정한 통일이야말로 리치와 수운, 그리고 증산 상제가 꿈꾸어 온 선경의 낙원에 이르는 진정한 토대가 아닐까.

참고문헌

1. 경전류

『증산도 도전』
『동경대전』
『용담유사』
『천도교 경전』
『성경』
『최선생문집도원기서』
『周易』
『中庸』
『詩經』
『禮記』
『尙書』
『천주실의』

2. 단행본

利瑪竇, 송영배 외 옮김,『천주실의天主實義』, 서울: 서울대출판부, 1999
금장태,『다산 정약용』, 서울: 살림, 2005
김상일,『동학과 신서학』, 서울: 지식산업사, 2000
―――,『수운과 화이트헤드』, 서울:지식산업사, 2001
김영일,『정약용의 상제사상』, 서울: 경인문화사, 2003
김용옥,『도올심득 동경대전(1)』, 서울: 통나무, 2004
김용휘,『우리 학문으로서의 동학』, 서울: 책세상, 2007
김원열,『내 마음이 네 마음. 최제우의 동경대전』, 서울: 상성출판, 2008
김형기,『후천개벽 사상 연구』, 서울: 한울 아카데미, 2004
동학학회(편),『동학과 동학경전의 재인식』, 서울: 도서출판 신서원, 2001
배옥영,『주대의 상제의식과 유학사상』, 서울: 다른 생각, 2003
신일철,『동학사상의 이해』, 서울: 사회비평사, 1995
안경전,『이것이 개벽이다(상)』, 서울: 대원출판 ,1010
―――,『관통 증산도 1』, 서울: 대원출판, 2006
――――,『개벽 실제상황』, 서울: 대원출판, 2006

유병덕(편저),『동학 천도교』, 서울: 시인사, 1987

윤석산(주해),『동경대전』, 서울: 동학사, 1996

———,『수운 최제우 평전. 후천을 열며』, 서울: 동학사, 1996

———,『동학사상과 한국문학』, 서울: 한양대출판부, 1999

———,『동학교조 수운 최제우』, 서울: 도서출판 모시는 사람들, 2006

이광래,『한국의 서양사상 수용사』, 서울: 열린책들, 2003

이세권,『동학사상』, 서울: 도서출판 늘하늘, 2002

이찬구,『천부경과 동학』, 서울: 도서출판 모시는 사람들, 2007

정의채, 김규영 공저,『중세철학사』, 서울: 지학사, 1981

정혜정,『동학, 천도교의 교육 사상과 실천』, 서울: 혜안, 2004

최동희, 이경원,『새로 쓰는 동학』, 서울: 집문당, 2003

최준식,『한국의 종교, 문화로 읽는다 2』, 서울: 사계절추판, 2006

표영삼,『동학 1·수운의 삶과 생각』, 서울: 통나무, 2004

라이프니츠 지음, 이동희 편역,『라이프니츠가 만난 중국』, 서울: 이학사, 2003

빈센트 크로닌 지음, 이기반 옮김,『서방에서 온 현자』, 왜관: 분도출판, 1994

히라카와 스케히로 지음, 노영희 옮김,『마테오 리치. 동서문명교류의 인문학 서사시』, 서울: 동아시아, 2002

3. 논문

김경재,「수운의 시천주 체험과 동학의 신관」, 오문환 편저『한국의 사상가 10인 수운 최제우』, 서울: 예문서원, 2005

김승복,「수운의 도와 덕: 수심정기, 기화지신, 인내천」, 오문화 편저『한국의 사상가 10인 수운 최제우』, 서울:예문서원, 2005

김용해,「그리스도교와 천도교의 신관 비교」, 오문환 편저『한국의 사상가 10인 수운 최제우』, 서울: 예문서원, 2005

김용휘,「수운 최제우의 시천주 사상」, 오문환 편저『한국의 사상가 10인 수운 최제우』, 서울: 예문서원, 2005

김현일,「마테오 리치와 동서양 문명 교류」,『증산도사상』제3집, 서울: 대원출판, 2000

박소정,「동학과 도가 사상」,『동학학보』제5집 동학학회(2005.6.)

배선복,「해제」, 라이프니츠 지음, 배선복 옮김,『모나드론 외』, 서울: 책세상, 2007

배영은, 「동학 사상의 기본 구조」, 오문환 편저『한국의 사상가 10인. 수운 최제우』서울: 예문서원, 2005

장승구, 「동서사상의 만남과 정약용의 인간관」,『다산학』8호

최동희, 「『동경대전』의 종교철학적인 이해」,『동학과 동학 경전의 재인식, 서울: 신서원, 2001

송영배, 「『천주실의』와 토착화의 의미」, 「유교와 기독교의 충돌과 대화의 모색」, 송영배 역주,『교우론, 스물다섯 잠언, 기인십편』, 서울: 서울대학교 출판부, 2000

─────, 「마테오 리치의 전교활동의 개략과 그의 유교관」, 송영배 역주,『교 우론, 스물다섯 잠언, 기인십편』, 서울: 서울대학교출판부, 2000

4. 외국자료

B. Cronin, *The Wise Man from the West*, London: Collins Press 1984

Hoffmann-Herreros, J., Matteo Ricci. *Den Chinesen Chinese sein- ein Missionar sucht neue Wege*, Mainz: Mattias-Gruenenwald-Verlag 1990

Hirschberger, J., *Kleine Philosophiegeschichte*, Freiburg im Breisgau 1995

Kant, I., *Kritik der reinen Vernunft*(1781), in: ders. hg.v. W. Weischedel, Bd. 3, Darmstadt 1983

Mertes, K., "Christentum und nicht-christliche Religion- Theologische Überlegungen zu Mateo Ricci", in: H. Butz/R. Cristin(Hrsg.), *Philosophie und Spritualität bei Matteo Ricci*, Berlin 2007

Mignini, F., "Matteo Ricci. Die Antwort des christlichen Westens auf die Frage der Interkulturalität", in: H. Butz/R. Cristin(Hrsg.), *Philosophie und Spritualität bei Matteo Ricci*, Berlin 2007

Young Choon Kim and Suk San Yoon(Trans.), *Donggyeong Daejeon*, Lanham-Boulder-New York-Toronto-Plymouth, UK: University Press of America 2007

찾아보기

ㄱ

강령주문 85, 86
개벽 130
공자 25, 27, 28
광암曠菴 이벽 58
괴병 136
국가론politeia 25
궁극적 존재 75
근대 문명 98
기독교 23, 25, 26, 36, 112
기연 88, 89
기화지신 68, 105

ㄴ

내유신령 85, 86
노자 25

ㄷ

다산 정약용 58
대화 29
데우스 21, 36, 70, 71, 97
도교 26, 28
도권 124, 134
도운 129
동양의 문명신 97, 98

ㄹ

라이프니츠 30, 44
르네상스 28, 29, 50

ㅁ

무극대도 56, 91, 106
문명신 110
미륵불 119
미륵천주 119

ㅂ

변증법 24, 29, 31
보편신 71, 75
불교 26, 28
불여 88, 89
불연기연 88, 89
비인격성 69

ㅅ

산파술 32
삼계대권 123, 124, 125
삼신 122, 136
삼회 24
상제천 82
선천 개벽 130
세계 문명신 128
세계전쟁 131, 132
세운 129
소크라테스 32
수학적 사고 41

시상제 75
시천주주문 56, 65, 79, 107, 137
신교 112
신권 124, 134
신유학 41, 43, 49, 51
신의 존재 증명 61
신존재 증명 35, 39, 50
십자가 36, 103, 112

ㅇ

아리스토텔레스 29, 39
아우구스티누스 23, 32
아퀴나스 23, 29, 32, 39
알음귀 98
야훼 36
역설의 논리 88
영기 86
예수 35, 36, 97, 120
예수회 26
옥황상제 123
외유기화 85, 86
우상숭배 26
우주의 주재자 116
우주의 통치자 99
우주 주재자 115, 121, 123, 128
유가 108
유교 25, 27, 28, 120
유몽인 57
유일신 26, 27, 37
유학 108

을묘천서 72, 73
의리천 61
의통 134
이벽 59
이상국가 136
이성 22, 28, 38
이성의 빛 38
이성적 사고 41
이수광 51, 57
이익 57
인격신 36, 37, 44, 60

ㅈ

자연성 36
자연신학 26, 27, 28, 38
자연의 빛 38
자연종교 27
자연천 59, 61, 62, 82
적응주의 44
제1원인(제1형상) 40
조상신 68
조화 62
조화선경 136
조화정부 127
존재론적 증명 39
종교적 적응religional
        acommodation 51
주문 80
주자학 60
주재신 37, 78
주재자 59, 123

주재천 59, 61, 62
증산 상제 95, 106, 112, 116
지기 62, 69, 105
지기와 천주 81
지방신 71, 75
지상천국 136

ㅊ

참동학 109
창조설 40
창조신 61
창조주 123
천강서 107
천국 97
천국 문명 97
천령 84
천명지위성 29, 38
천상문답 107
천상의 하느님 122
천주의 존재 증명 39, 50
천지공사 109, 125, 130
천지도수 130
천지전쟁 131
철학 28
초월신 37

ㅌ

태을주 134
태일 134
통치자 하느님 122, 123

ㅍ

플라톤 25, 32

ㅎ

하 늘님 51, 62, 63, 65, 71, 72, 77,
       78, 106
헤겔 32, 38
형식논리 50, 88, 89
형이상학 24, 39
후천 개벽 130
후천개벽 120, 121, 130, 132, 133
후천 선경 127
후천선경 110, 138